뚝딱 그림으로!! 쿵쿵따 챈트로!!
자동암기 신비한자 7급

김인숙 지음

다락원

김인숙

한어교육원 대표
한중상용한자지도사 양성
한자놀이지도사 양성
어린이중국어지도사 양성
유한대학교 외래교수
중국루동대학교 국제중국어과 석좌교수

» 저서
「자동암기 신비한자 8급, 7급, 6급 시리즈」
「가장 쉬운 어린이 중국어 시리즈」
「주니어 신HSK붐붐 1, 2, 3, 4권」
「어린이YCT붐붐2급」
「국민대표중국어첫걸음」
「뽀뽀와 구루몽의 신나는 중국어 시리즈」 공저

» 콘텐츠 개발
호락호락오감중국어
한자랑중국어랑 놀자
문정아중국어 '리듬'기획

자동암기 신비한자 7급

지은이 김인숙
펴낸이 정규도
펴낸 곳 (주)다락원

초판 1쇄 발행 2020년 3월 30일
초판 6쇄 발행 2025년 2월 20일

편집 이후춘, 한채윤, 윤성미

표지 디자인 김성희
내지 디자인 도도디자인
일러스트 김은미

다락원 경기도 파주시 문발로 211
내용 및 구입문의: (02)736-2031 내선 290~294
팩스: (02)732-2037 내선 250~252
출판등록 1977년 9월 16일 제406-2008-000007호

Copyright© 2020, 김인숙

저자 및 출판사의 허락 없이 이 책의 일부 또는 전부를 무단 복제·전재·발췌할 수 없습니다.
구입 후 철회는 회사 내규에 부합하는 경우에 가능하므로 구입문의처에 문의하시기 바랍니다.
분실·파손 등에 따른 소비자 피해에 대해서는 공정거래위원회에서 고시한 소비자 분쟁 해결
기준에 따라 보상 가능합니다. 잘못된 책은 바꿔 드립니다.

ISBN 978-89-277-7114-2 13720

차례

이 책의 구성 · 4
한자를 배우면 무엇이 좋을까요? · · · · · · · · · · · · · · · · · 6
한자는 어떻게 만들어 졌을까요? · · · · · · · · · · · · · · · · · 7
한자는 어떻게 공부해요? · 8
부수가 뭐예요? · 10

단계	한자	한자어	쪽
1단계	目 耳 手 足 心	木手 小心 心中 中心 人心 手中 手足 手下	12
2단계	天 地 林 江 年	天地 大地 江山 山林 山地 土地 天上 天下 年中	24
3단계	左 右 內 外 出	出口 日出 外出 外地 出土 內心 內外 出金	36
4단계	靑 白 力 寸 石	三寸 四寸 水力 人力 出力 火力 靑年 水石	48
5단계	牛 犬 羊 馬 魚	木馬 白馬 白羊 山羊 人魚 出馬 大魚 馬力	60
6단계	夕 多 少 先 玉	少年 少女 白玉 玉石 先生 先王 先金 多少	72
7단계	工 自 己 入 主	手工 木工 自己 主人 出入 入金 大入 入力	84
8단계	生 川 立 姓 名	生水 出生 人生 自立 姓名 百姓 人名 山川	96

정답 · 113
7급 HNK 실전 예상문제 · 124
7급 대한 검정회 실전 예상문제 · · · · · · · · · · · · · · · · · 128
6급 대한 검정회 실전 예상문제 · · · · · · · · · · · · · · · · · 129

*신비한자 1단계~4단계 학습 후 대한검정회 7급 취득
　신비한자 5단계~8단계 학습 후 대한검정회 6급 취득

이 책의 구성

스토리 한자

QR코드를 찍으면 더욱 생생한 음성으로 이야기를 들을 수 있어요.

재미있는 이야기로 오늘 배울 한자를 미리미리 알아봐요.

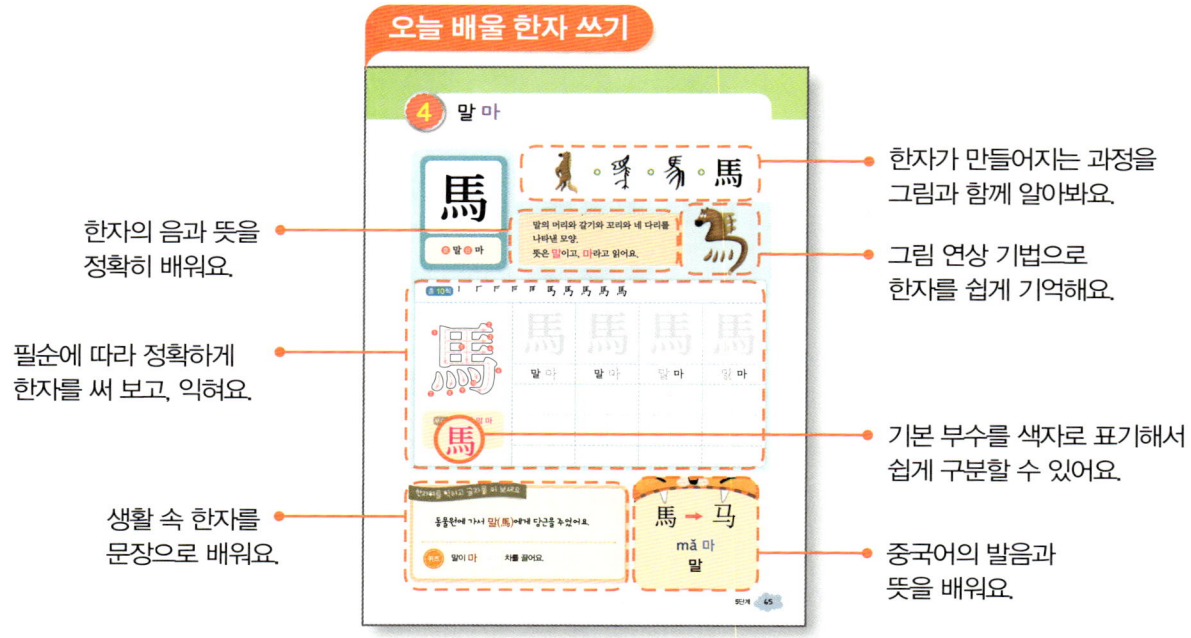

오늘 배울 한자 쓰기

한자의 음과 뜻을 정확히 배워요.

필순에 따라 정확하게 한자를 써 보고, 익혀요.

생활 속 한자를 문장으로 배워요.

한자가 만들어지는 과정을 그림과 함께 알아봐요.

그림 연상 기법으로 한자를 쉽게 기억해요.

기본 부수를 색자로 표기해서 쉽게 구분할 수 있어요.

중국어의 발음과 뜻을 배워요.

4 신비한자 **7급**

쿵쿵따 리듬한자

OR코드를 찍으면 휴대폰으로 바로 재생할 수 있어요.

쿵쿵따! 신나는 리듬으로 한자를 부르며 복습 해요.

신나는 한자놀이

다양한 놀이 학습으로 문제를 풀다보면 한자가 머리에 쏙쏙!

재미있는 한자익히기

문제를 풀면서 앞에서 배운 한자를 다시 한번 복습해요.

재미있는 한자이야기

생활에서 쓰이는 한자어와 고사성어를 이야기로 배워요.

한자카드

단어 카드를 뜯어서 나만의 단어장을 만들어 봐요.

실전 예상문제

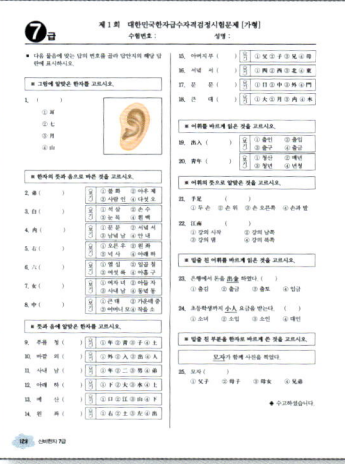

배운 한자를 실제 시험 유형으로 풀어보면서 시험에 대비해요.
- HNK 7급 시험 1회 제공
- 대한 검정회 시험 7급, 6급 1회 제공

이 책의 구성 **5**

한자를 배우면 무엇이 좋을까요?

1 우리말 단어의 70%가 한자어로 되어있어.

2 한자를 알면 우리말 이해가 쉬워져.

3 낱말의 뜻 이해가 빨라져서 수학, 사회공부를 잘 할 수 있지!

4 한자를 알면 동양권 문화도 알게 되고, 제2외국어 학습에 도움이 돼!

5 한자로 기록된 전통문화를 잘 이해할 수 있어.

6 연상학습이 되니 머리가 똑똑해져.

한자는 어떻게 만들어 졌을까요?

상형문자
사물의 모양을 본떠 만든 글자

아주 옛날 사람들이 사물을 그림으로 그려 문자로 사용하면서 상형문자가 만들어졌대.

달 나무 해

중국에 '창힐'이라는 사람이 동물들이 남긴 발자국을 보고 문자를 만들었다는 이야기도 있어.

지사문자
점과 선을 이용해서 다양한 문자를 표현하자!

회의문자
나무木와 나무木가 만나면 울창한 숲林이래.

수풀 림

이미 만든 글자를 합체!

형성문자
입(뜻)과 문(음)을 합하여 '물어보다'라는 뜻이 된 글자.

물을 문

소리와 뜻을 사이 좋게 나눠서 합체!

전주문자
이미 있는 한자를 이용하여 전혀 다른 음과 뜻으로 사용하는 글자

즐거울 락 (樂)
노래 악, 즐길 락(낙), 좋아할 요
여러 가지 다른 음과 뜻으로 사용!

가차 문자
한자가 없을 때, 뜻은 다르나 음이 같거나 비슷한 한자를 찾아 사용된 글자

伊太利
이태리 → 이탈리아
亞細亞
아세아(ASIA)

외국어는 어떻게 표시 했을까?

한자는 어떻게 공부해요?

1 한자의 3요소

한자는 각 글자마다 모양, 뜻, 읽는 방법의 소리가 있어요.

모양(形)	한자가 가지고 있는 자체 글자 모양
뜻(義)	한자가 가지고 있는 뜻
소리(音)	한자마다 구별할 수 있는 한자를 읽는 소리

예) 모양 : 天 | 뜻 : 하늘 | 소리 : 천

2 획의 모양과 명칭

한자를 배우기 전에 기본 획의 모양을 따라 써 보세요.

꺾어 삐침	우로 꺾음	아래로 꺾음	비스듬히 꺾음	지게 다리	꺾은 지게다리
ㄱ	ㄴ	ㄱ	く	し	ㄟ

한자를 바르고 예쁘게 쓰려면요?

필순(획순) : 한자를 쓰는 순서를 배워봐요.

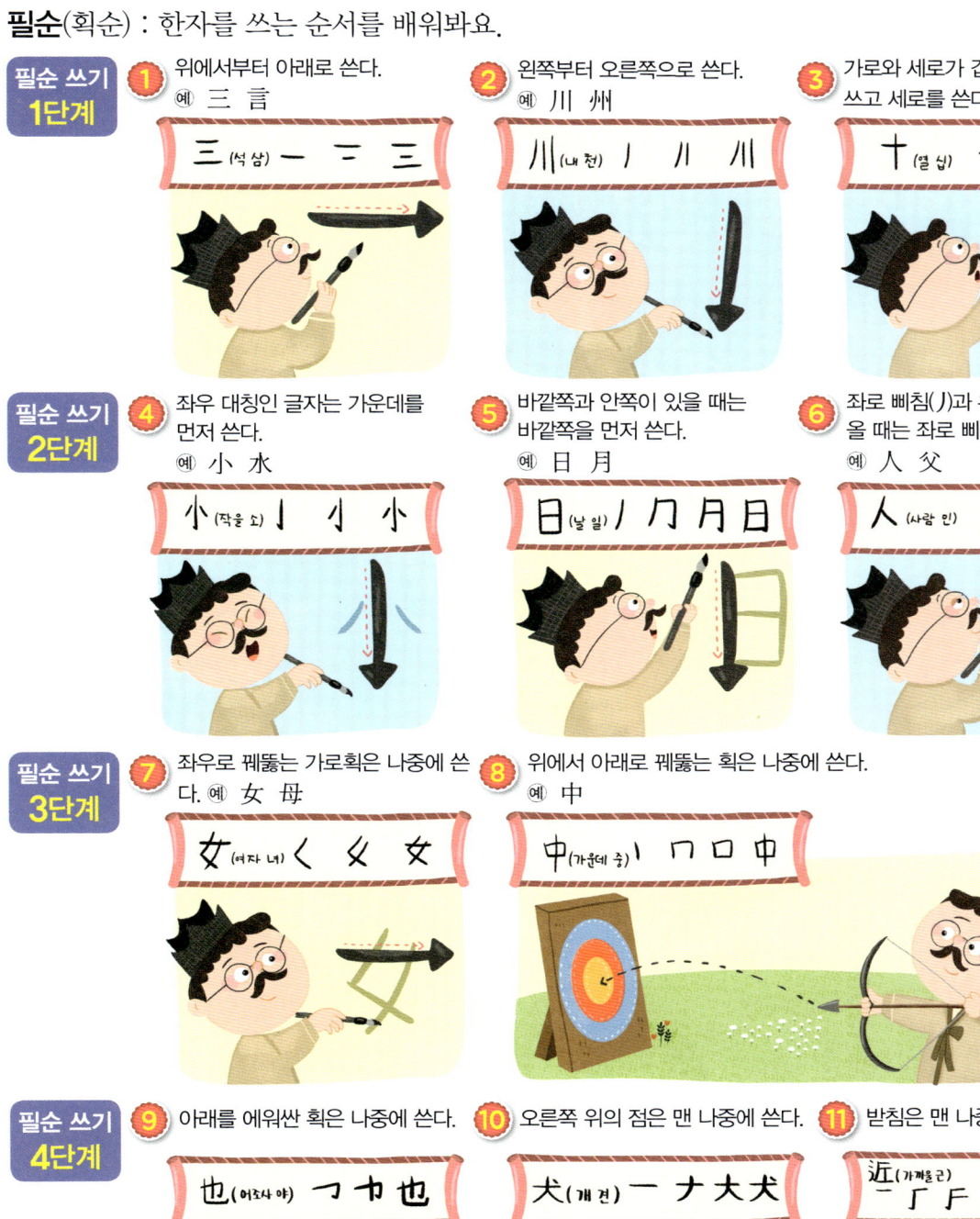

부수가 뭐예요?

1. 모르는 한자를 찾을 때 부수를 알면 한자를 쉽게 찾을 수 있어요.
2. 한글을 배울 때 자음(ㄱ, ㄴ, ㄷ), 모음(ㅏ, ㅑ, ㅓ, ㅕ) 영어를 배울 때 (A,B,C)를 먼저 배우듯이 한자를 배울 때는 부수를 알면 한자를 쉽게 익힐 수 있어요.
3. 부수는 214개로 분류되어 지금까지 사용되고 있어요.

기본부수

멀(멀다) **경** 冂	안석 **궤** 几	얼음 **빙** 冫	쌀(감싸다) **포** 勹	비수, 숟가락 **비** 匕	점(점치다) **복** 卜
冂	几	冫	勹	匕	卜

상자 **방** 匚	감출 **혜** 匸	병부 **절** 卩(㔾)	언덕(굴 바위) **엄** 厂	사사 **사** 厶
匚	匸	卩	厂	厶

1단계

어느 날 양치기 소년이 심심해지자 "늑대가 나타났다."하고 거짓말을 하였어요. 마을 사람들은 귀耳를 쫑긋 세우고 손手에는 몽둥이를 들고 발足에 불이 나도록 뛰어 왔어요. 하지만 눈目을 크게 뜨고 아무리 찾아봐도 늑대는 보이지 않았어요.

그림 속의 숨은 한자 찾기

目	耳	手	足	心
눈 목	귀 이	손 수	발 족	마음 심

양치기 소년의 거짓말이 계속 반복되자 마을 사람들은 **마음心**이 상하고 화가 났어요. 그러던 어느 날 진짜 늑대가 나타났지만 아무도 양치기 소년의 말을 믿어주지 않았어요. 양들이 늑대에게 모두 잡혀 먹자, 소년은 엉엉 울며 후회했답니다.

1 눈 목

훈 눈 음 목

눈의 모양을 옆으로 세워 둔 모양.
뜻은 **눈**이고, **목**이라고 읽어요.

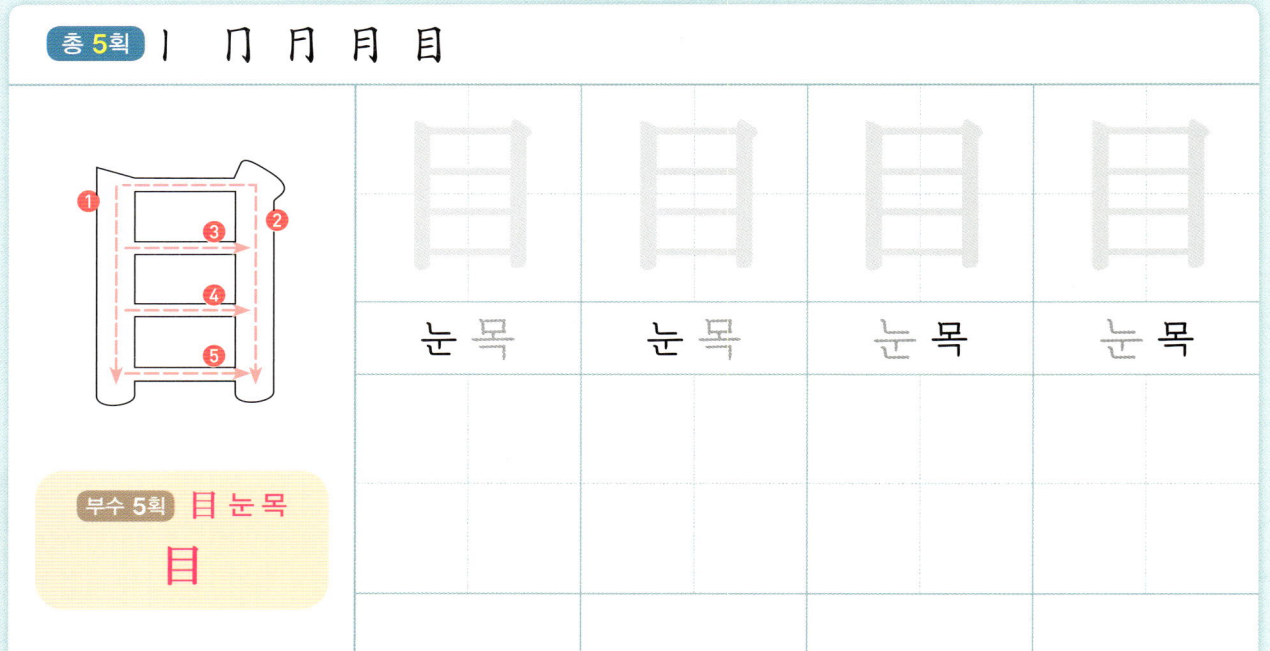

총 5획 ㅣ 冂 冃 月 目

부수 5획 目 눈 목
目

한자어를 익히고 글자를 써 보세요

눈(目)에 먼지가 들어가서 눈을 비볐어요.

퀴즈 이 동화책의 제**목**   은 양치기 소년이예요.

중국어 표현

目
mù 무
눈

14 신비한자 7급

2 귀 이

耳
훈 귀 음 이

귀의 모양을 본뜬 모양.
뜻은 **귀**이고, **이**라고 읽어요.

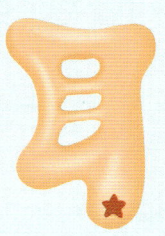

총 6획   一 丆 丆 F 王 耳

부수 6획   耳 귀 이
耳

耳	耳	耳	耳
귀 이	귀 이	귀 이	귀 이

한자어를 익히고 글자를 써 보세요

수영을 하다가 **귀(耳)**에 물이 들어갔어요.

 귀가 아파서 **이**☐ 비인후과에 갔어요.

중국어 표현

耳
ěr 얼
귀

3 손 수

훈 손 음 수

다섯 손가락을 나타낸 모양.
뜻은 **손**이고, **수**라고 읽어요.

총 4획 ˊ ˓ ˒ 手

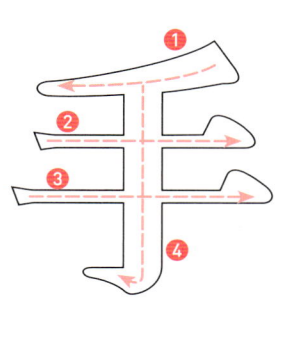

手	手	手	手
손 수	손 수	손 수	손 수

부수 4획 手 손 수
手

한자어를 익히고 글자를 써 보세요

학생이 **손(手)**을 들고 씩씩하게 발표를 해요.

퀴즈 눈병이 생기면 **수**☐ 건을 따로 써야해요.

중국어 표현

手
shǒu 쇼우
손

신비한자 7급

4 발 족

足

훈 발 음 족

ㄱ · 뭐 · 足 · 足

무릎아래를 나타낸 글자.
뜻은 **발**이고, **족**이라고 읽어요.

총 7획 ㅣ ㄇ ㅁ ㅁ ㅁ 足 足

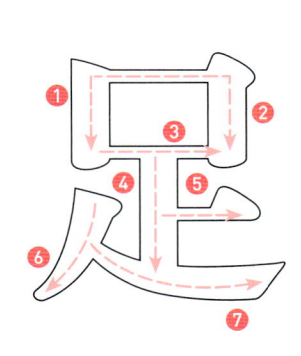

부수 7획 足 발 족
足

足	足	足	足
발 족	발 족	발 족	발 족

한자어를 익히고 글자를 써 보세요

모래놀이를 해서 **발(足)**에 흙이 많이 묻었어요.

퀴즈 족 ☐ 구는 축구처럼 발로하는 운동입니다.

중국어 표현

足
zú 주
발

5 마음 심

心
훈 마음 음 심

심장의 모양을 나타낸 글자.
뜻은 **마음**이고, **심**이라고 읽어요.

총 4획   ' 心 心 心

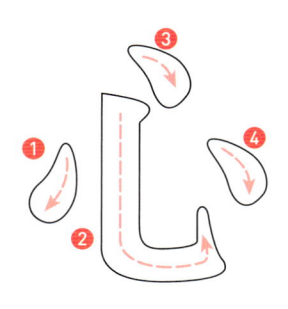

心	心	心	心
마음 심	마음 심	마음 심	마음 심

부수 4획 心 마음 심
　　　　　心

한자어를 익히고 글자를 써 보세요

내 짝꿍은 **마음**(心)이 착해요.

퀴즈 달리기를 해서 **심**☐장이 빨리 뛰어요.

중국어 표현

心
xīn 씬
심장, 마음, 생각

쿵쿵따 리듬한자

 눈을 그려 세우면 눈 목 目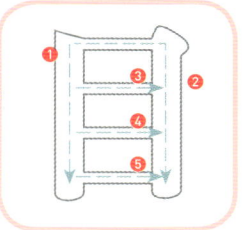

 사람의 귀를 그린 귀 이 耳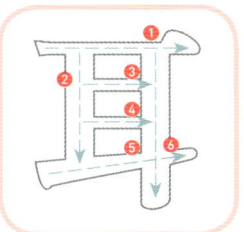

 다섯 손가락을 그린 손 수 手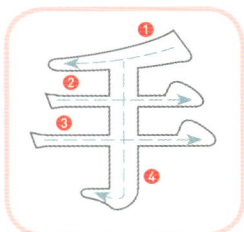

 무릎 아래 발 모양 발 족 足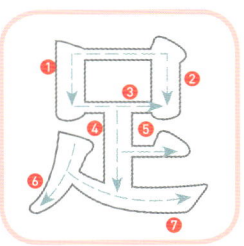

 콩닥 콩닥 심장모양 마음 심 心

1단계 19

신나는 한자놀이

1. 다음 그림에 적혀 있는 음(소리)에 알맞은 한자스티커를 붙여 보세요.

부록 스티커를 사용하세요~

2. 요술 항아리를 가져간 범인은 몇 번 도깨비일까요?

힌트 目: 검정색   耳: 빨간색   手: 초록색   足: 파란색   心: 노란색

재미있는 한자익히기

1. 훈(뜻)과 알맞은 한자를 연결해 보세요.

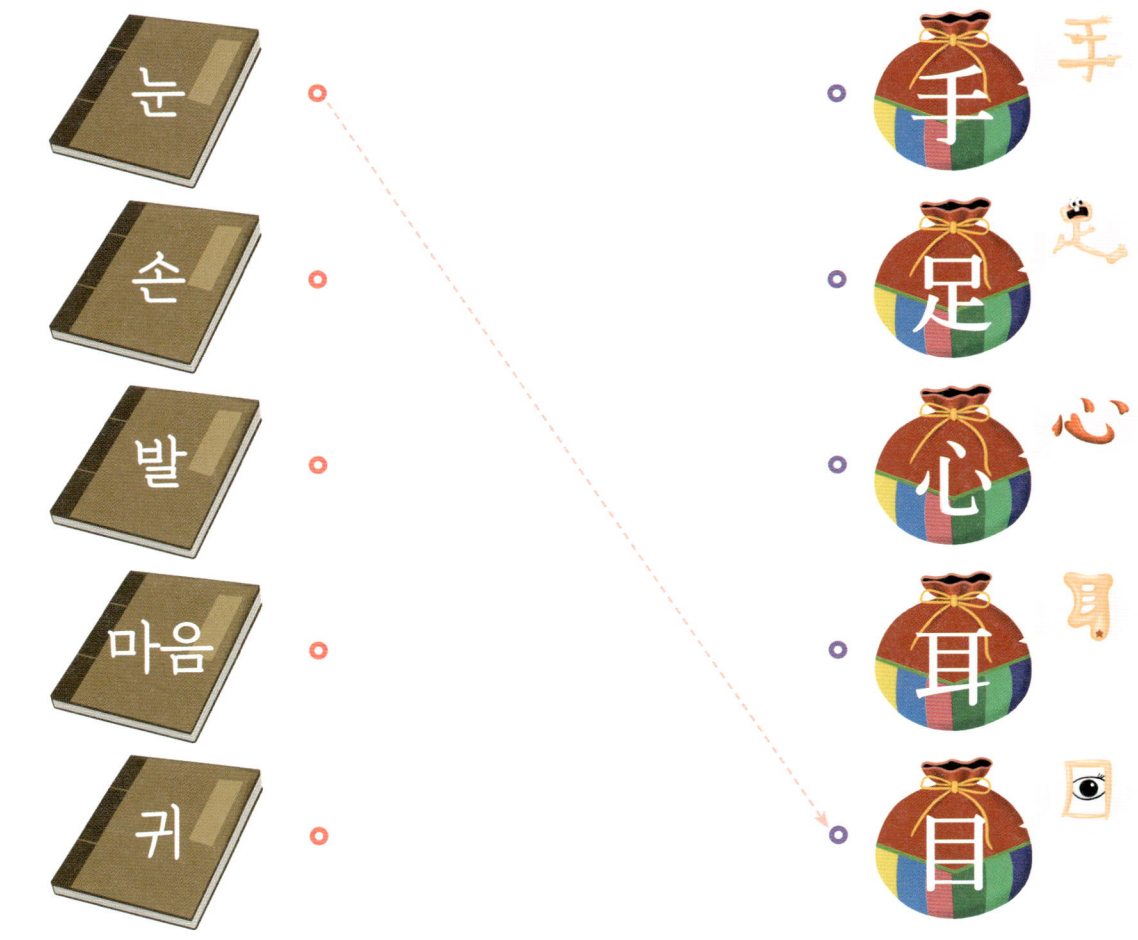

2. 한자에 알맞은 음(소리)을 찾아 ○표시를 하세요.

재미있는 한자이야기

木手
목수

木 나무 **목**
手 손 **수**

나무를 이용하여 집을 짓거나 다양한 물건을 만드는 일을 전문으로 하는 사람

小心
소심

小 작을 **소**
心 마음 **심**

대범하지 못하고 지나치게 조심하다

목수가 책상을 만들었다.

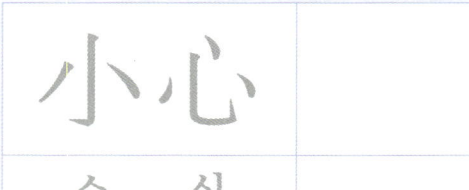

겁이 많고 소심하다.

心中
심중

心 마음 **심**
中 가운데 **중**

마음 속에 품고 있는 것

中心
중심

中 가운데 **중**
心 마음 **심**

사물의 한 가운데

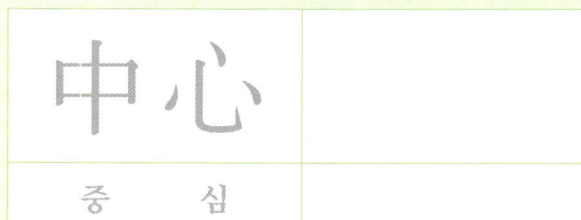

심중을 꿰뚫어 보다.

중심을 잃고 넘어졌다.

人心 **인심**
- 人 사람 인
- 心 마음 심

다른 사람의 처지를 헤아려 도와주는 마음

手中 **수중**
- 手 손 수
- 中 가운데 중

손 안

人心
인 심

마을 인심이 좋다.

手中
수 중

수중에 돈이 한 푼 없다.

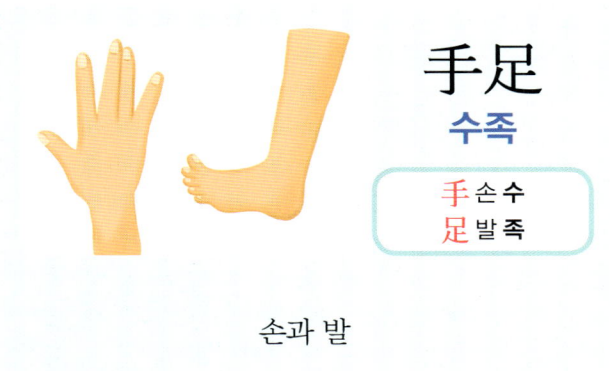

手足 **수족**
- 手 손 수
- 足 발 족

손과 발

手下 **수하**
- 手 손 수
- 下 아래 하

자신보다 나이나 지휘가 아래인 경우

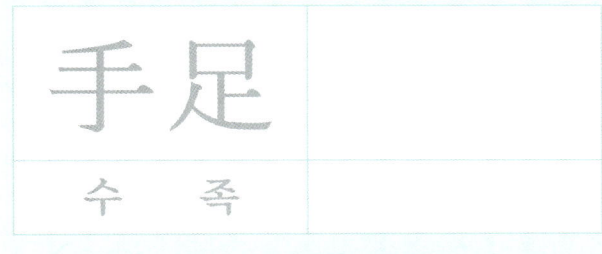

手足
수 족

의사가 수족을 못쓰는 환자를 고쳤다.

手下
수 하

장군의 수하는 천 명이 넘었다.

2단계

옛날 옛날에 시집을 와서 **1년年**이 넘도록 방귀를 참아 병이 난 며느리가 있었어요. 시부모는 착하고 예쁜 며느리에게 괜찮으니 부담없이 방귀를 뀌라고 했어요. 며느리는 가족들에게 **땅地**이 흔들리고 **하늘天**로 날아 갈 수 있으니 꽉 붙잡으라고 신신당부를 한 뒤 "뽕~ 빵!"하고 방귀를 뀌었어요.

뽕 빵

그림 속의 숨은 한자 찾기

天	地	林	江	年
하늘 천	땅 지	수풀 림	강 강	해 년
☐	☐	☐	☐	☐

1 하늘 천

훈 하늘 음 천

사람이 서있는 머리 위로 끝없는 하늘을 나타냄.
뜻은 **하늘**이고, **천**이라고 읽어요.

총 4획   ー 二 テ 天

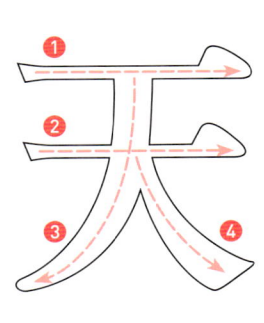

天	天	天	天
하늘 천	하늘 천	하늘 천	하늘 천

부수 3획 大 큰 대
天

한자어를 익히고 글자를 써 보세요

하늘(天)에 뭉게 구름이 양떼 같아요.

퀴즈 천 [ ] 연 재료로 비누를 만들었어요.

중국어 표현

天
tiān 티엔
하늘

2 땅 지

훈 땅 음 지

 地

땅 위에 뱀이 몸을 둥글게 틀고 있는 모습을 나타냄.
뜻은 **땅**이고, **지**라고 읽어요.

총 6획 一 十 土 圵 地 地

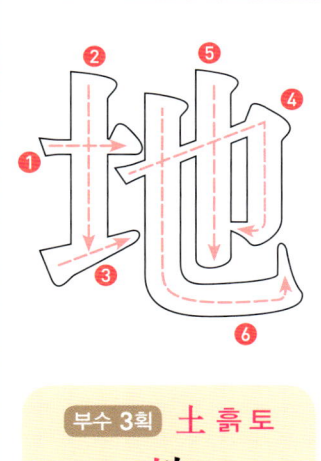

地	地	地	地
땅 지	땅 지	땅 지	땅 지

부수 3획 土 흙 토
地

한자어를 익히고 글자를 써 보세요

겨울잠을 자던 뱀이 봄이 되면 **땅(地)** 위로 올라와요.

 지 ☐ 하 주차장 3층에 아빠 차가 있어요.

중국어 표현

地
dì 띠
지구, 대지

3 수풀 림(임)

훈 수풀 음 림(임)

나무를 겹쳐 나무가 많은 수풀을 나타냄.
뜻은 **수풀**이고, **림**(임)이라고 읽어요.

총 8획   一 十 才 木 木 村 材 林

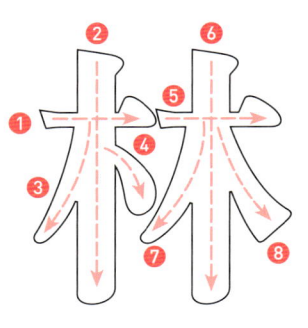

林	林	林	林
수풀 림(임)	수풀 림(임)	수풀 림(임)	수풀 림(임)

부수 4획 木 나무 목
林

한자어를 익히고 글자를 써 보세요

나무들이 많이 모여 **숲(林)**을 이루었어요.

퀴즈 우리 모두 불조심을 해서 산림☐☐을 보호해야 해요.

중국어 표현

林
lín 린
숲, 수풀

4 강 강

훈 강 음 강

중국의 장강(長江) 또는 큰 '강'을 뜻하기도 하며 물과 氵(水)과 물이 넘치지 않게 사용하는 도구 (工)를 나타냄.
뜻은 **강**이고, **강**이라고 읽어요.

총 6획   丶 丶 氵 氵 江 江

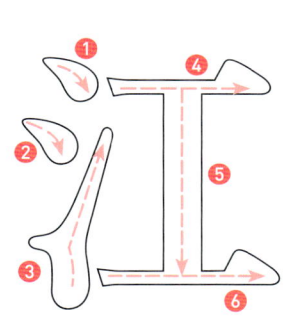

江	江	江	江
강 강	강 강	강 강	강 강

부수 3획 氵 삼수 변
江

한자어를 익히고 글자를 써 보세요

중국에는 장강이라는 큰 **강(江)**이 있어요.

퀴즈 강 □ 위에서 유람선을 타요.

중국어 표현

江
jiāng 지앙
강

2단계 29

5 해 년(연)

훈 해 음 년(연)

볏단을 등에 지고 가는 모습.
뜻은 **해**이고 **년(연)**이라고 읽어요.

총 6획　ノ ㅏ ㅕ ㅕ ㅌ 年

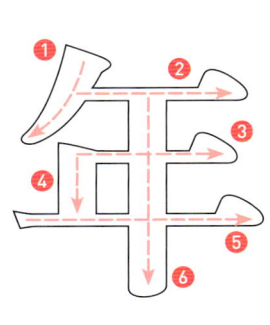

부수 3획　干 방패 간
年

年	年	年	年
해 년(연)	해 년(연)	해 년(연)	해 년(연)

한자어를 익히고 글자를 써 보세요

새해(年)가 되어 새로운 목표를 세웠어요.

퀴즈　동생 태영이는 2학**년** □ 이 되었어요.

중국어 표현

年
nián 니엔
해, 년

쿵쿵따 리듬한자

 머리 위에 끝이 없는 하늘 **천** 天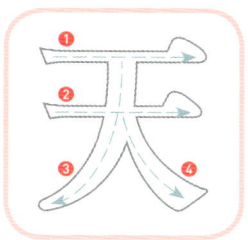

 땅을 기어가는 뱀 **땅 지** 地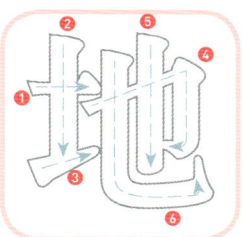

 나무가 모여 모여 **수풀 림(임)** 林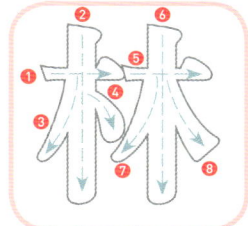

 물이 흘러 흘러와 **강 강** 江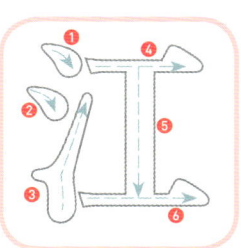

 볏단을 지고가는 해 **년(연)** 年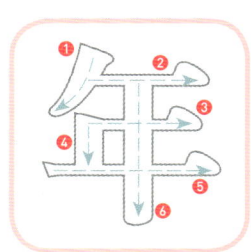

신나는 한자놀이

1. 다음 병풍 속 그림을 보고 알맞은 한자를 찾아 스티커를 붙여 보세요.

부록 스티커를 사용하세요~

2. 한자에 알맞은 훈(뜻)과 음(소리)를 연결해 보세요.

林　　江　　天　　年　　地

재미있는 한자익히기

1. 훈(뜻)과 알맞은 한자를 연결해 보세요.

2. 한자에 알맞은 음(소리)를 찾아 ○표시를 하세요.

재미있는 한자이야기

天地 천지
天 하늘 천
地 땅 지

하늘과 땅, 세계

大地 대지
大 큰 대
地 땅 지

넓고 큰 땅

天地
천 지

눈이 온 천지를 뒤덮었다.

大地
대 지

봄비가 대지를 촉촉이 적셨다.

江山 강산
江 강 강
山 메 산

강과 산을 뜻하며 자연의 경치
나라의 영토를 나타냄

山林 산림
山 메 산
林 수풀 림(임)

산과 숲

江山
강 산

한국은 아름다운 강산이 많다.

山林
산 림

울창한 산림을 보호하자.

山地
산지
- 山 메 산
- 地 땅 지

들이 적고 산이 많은 지대

土地
토지
- 土 흙 토
- 地 땅 지

논밭, 집터 같은 사람의 생활과 활동에 이용하는 땅

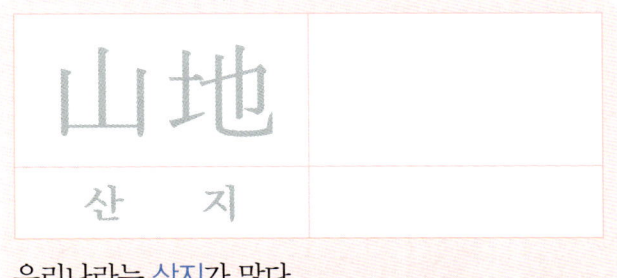

우리나라는 산지가 많다.

환경보호를 위해 토지개발을 금지하다.

天上天下
천상천하
- 天 하늘 천
- 上 윗 상 下 아래 하

하늘 위와 아래 온 세상

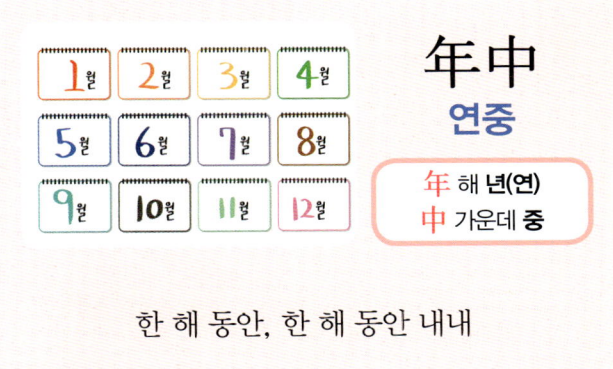

年中
연중
- 年 해 년(연)
- 中 가운데 중

한 해 동안, 한 해 동안 내내

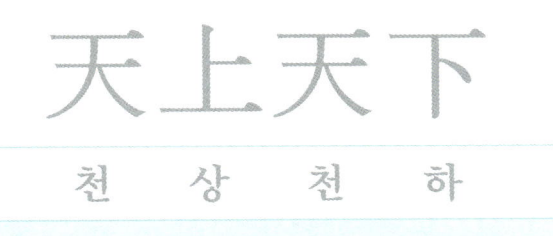

천상천하에 오직 하나뿐이다.

이 상점은 연중 24시간 운영한다.

늑대는 지름길로 달려가 할머니 집 **안內**으로 들어갔어요. 늑대는 집에 계신 할머니를 잡아먹고 할머니를 찾아온 소녀까지 잡아먹었어요.

길을 지나가던 사냥꾼이 못된 늑대를 발견하고, 배가 불러 잠이든 늑대 뱃속에서 빨간 모자 소녀와 할머니를 구해주었답니다.

"아저씨 구해주셔서 고맙습니다."

1 왼 좌

훈 왼 음 좌

왼쪽 손에 물건을 만들 때 쓰는 도구를 들고 있는 모습. 뜻은 **왼**(왼쪽)이고, **좌**라고 읽어요.

총 5획 一 ナ ナ 左 左

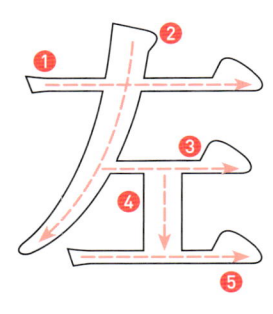

부수 3획 工 장인 공
左

| 왼 좌 | 왼 좌 | 왼 좌 | 왼 좌 |

한자어를 익히고 글자를 써 보세요

왼쪽(左) 주머니에 동전을 넣어 두었어요.

퀴즈) 길을 걸을 때 왼쪽으로 **좌** ☐ 측 통행 해야 해요.

중국어 표현

左
zuǒ 주어
왼쪽, 옆

2 오른 우

훈 오른 음 우

음식을 먹을 때 오른손 모양과 입을 합친 모습. 뜻은 **오른**(오른쪽)이고, **우**라고 읽어요.

총 5획   ノ ナ オ 右 右

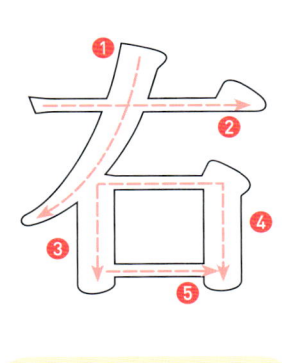

右	右	右	右
오른 우	오른 우	오른 우	오른 우

부수 3획 口 입구
右

한자어를 익히고 글자를 써 보세요

대부분 숟가락을 사용할 때 **오른(右)**손을 사용해요.

퀴즈 횡단 보도를 건널 때는 좌**우** ☐ 를 먼저 살펴야 해요.

중국어 표현

右
yòu 요우
우측, 오른쪽

3 안 내

훈 안 음 내

집의 입구를 나타낸 글자로 바깥에서 안으로 들어가는 모습.
뜻은 **안**(속)이고, **내**라고 읽어요.

총 4획　丨 冂 内 内

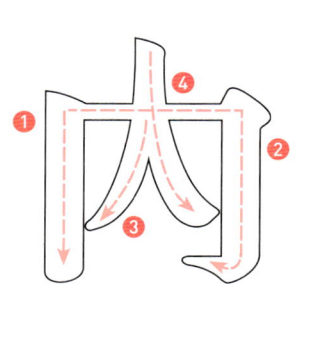

부수 2획　入 들 입
内

内	内	内	内
안 내	안 내	안 내	안 내

한자어를 익히고 글자를 써 보세요

동굴 **안(内)**에는 여름에는 시원하고 겨울에는 따뜻해요.

퀴즈　미세먼지가 심한 날은 실**내**　　놀이를 해요.

중국어 표현

内 → 内
nèi 네이
안, 안쪽

4 바깥 외

外

훈 바깥 음 외

밤을 상징하는 달의 모양과 옛날 사람들이 밤에 점을 치던 모습. 뜻은 **바깥**이고, **외**라고 읽어요.

총 5획 ノ ク タ 列 外

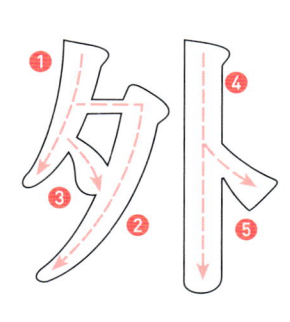

外	外	外	外
바깥 외	바깥 외	바깥 외	바깥 외

부수 3획 夕 저녁 석
外

한자어를 익히고 글자를 써 보세요

할아버지는 아침 일찍 **바깥(外)**에 나가셨어요.

 우리 형은 **외** ☐ 국인 친구가 많아요.

중국어 표현

外
wài 와이
밖, 바깥

5 날 출

훈 날 음 출

입구에서 발이 나오는 모습을 그린 모양. 뜻은 **날**(태어나다, 나가다, 떠나다)이고, **출**이라 읽어요.

총 5획 ㅣ 屮 屮 出 出

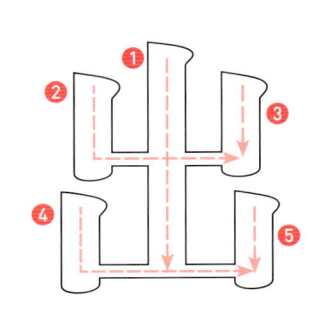

出	出	出	出
날 출	날 출	날 출	날 출

부수 2획 凵 위튼입구 몸
出

한자어를 익히고 글자를 써 보세요

귀여운 내 동생이 **태어났(出)**어요.

 미로 찾기 놀이에서 **출** ☐ 구를 찾아보세요.

중국어 표현

出
chū 츄
나가다

쿵쿵따 리듬한자

뚝딱 뚝딱 물건 잡는 왼 **좌** 左
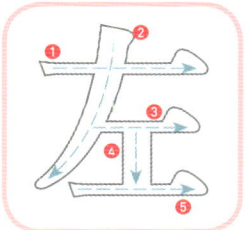

숟가락을 잡을 때는 오른 **우** 右
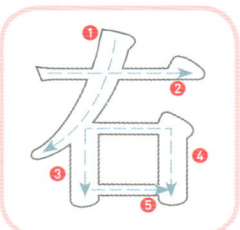

안쪽으로 들어가서 **안 내** 內
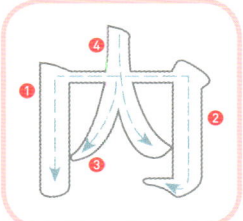

달이 뜬 밤 점을 치던 바깥 **외** 外
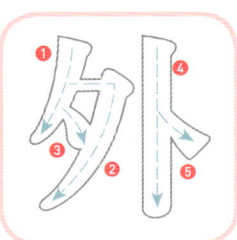

바깥으로 걸어 나와 날 **출** 出
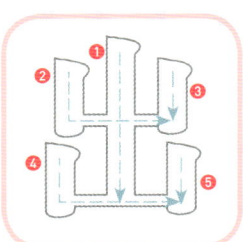

신나는 한자놀이

1. 옷장 속에 옷과 외출 용품들을 정리해서 알맞게 스티커를 붙여 보세요.

재미있는 한자 익히기

1 훈(뜻)과 알맞은 한자를 연결해 보세요.

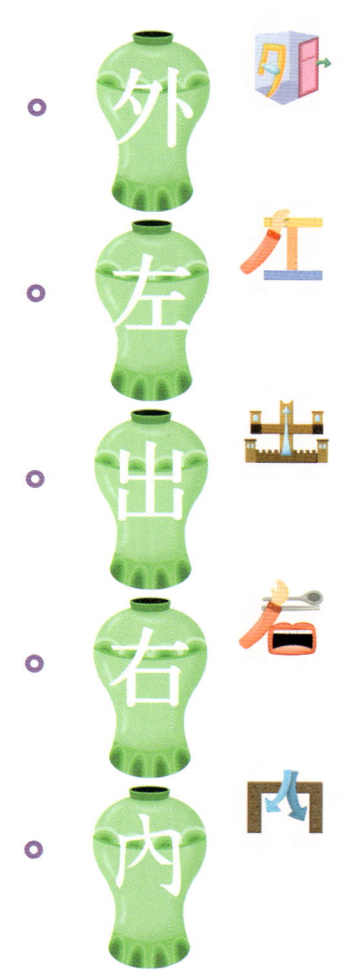

2 한자에 알맞은 음(소리)을 찾아 ○표시를 하세요.

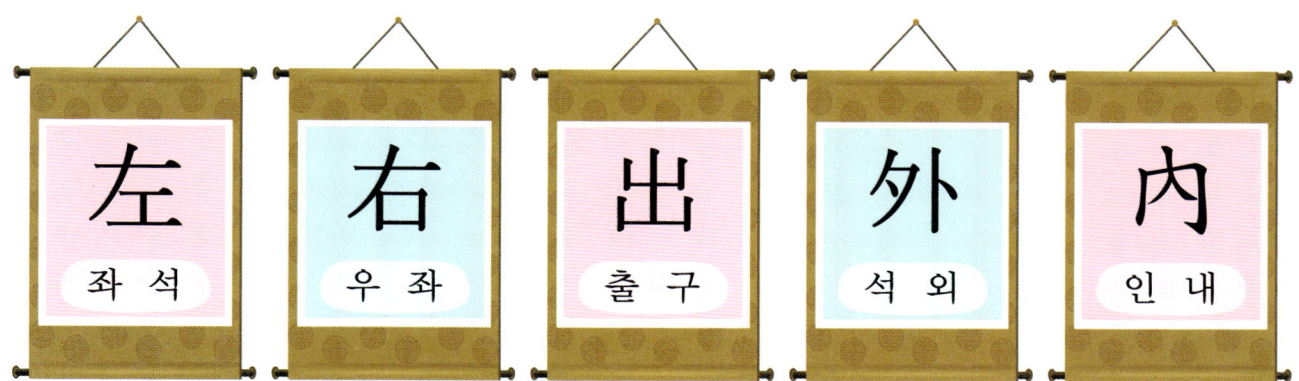

재미있는 한자이야기

出口
출구

出 날 출
口 입 구

밖으로 나갈 수 있는 곳

日出
일출

日 날 일
出 날 출

해가 뜨다

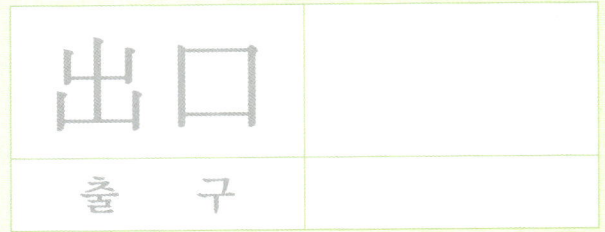

1번 출구 앞에서 만나기로 했다.

6시에 일출이 시작되었다.

外出
외출

外 바깥 외
出 날 출

집이나 일하는 곳에서 잠시 벗어나 밖으로 나가다.

外地
외지

外 바깥 외
地 땅 지

산과 숲 또는 자기가 사는 곳이 아닌 다른 고장

엄마께서 외출하셨다.

고향을 떠나 외지에서 공부한다.

出土
출토

出 날 **출**
土 흙 **토**

땅 속에 파묻혀 있던 것(물건)이 밖으로 나오다

內心
내심

內 안 **내**
心 마음 **심**

겉으로 드러나지 않은 참마음

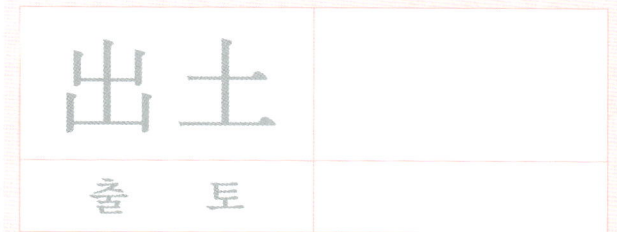

천년 전 왕의 물건이 출토되었다.

생일파티를 내심 기대하고 있었다.

內外
내외

內 안 **내**
外 바깥 **외**

안과 밖
약간 많거나 적음

出金
출금

出 날 **출**
金 쇠 **금**

통장에서 돈을 쓰기 위해 꺼내는 일

일기를 열 줄 내외로 쓰세요.

오늘 은행에서 5만원을 출금했다.

QR코드로 더 생생하게

농부는 사**촌寸**들을 불러서 다 같이 힘을 모았어요.
"영차! 영차!" 드디어 커다란 순무가 뽑혔어요.
할머니는 커다란 순무로 순무스프와 순무잼을 만들어 맛있게 나눠 먹었답니다.

"아이쿠! 무가 커다란 **돌石**처럼 꿈쩍도 안 하네."

1 푸를 청

 →

靑

훈 푸를 음 청

싹이 날(生)때는 붉은색(丹)을 띠지만 자라면서 푸르러지는 것을 나타냄. 뜻은 **푸르다**, **젊다**이고 **청**이라고 읽어요.

총 8획   一 二 キ 主 丰 靑 靑 靑

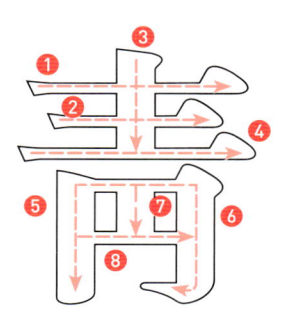

부수 8획   靑 푸를 청
靑

靑	靑	靑	靑
푸를 청	푸를 청	푸를 청	푸를 청

한자어를 익히고 글자를 써 보세요

가을 하늘은 맑고 **푸르러(靑)**요.

퀴즈 운동회 때 줄다리기는 **청** ☐ 팀이 이겼어요.

중국어 표현

靑 → 青
qīng 칭
푸르다

2 흰 백

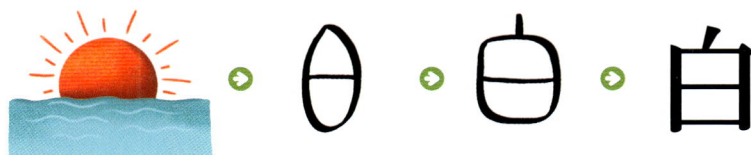

白
훈 흰 음 백

해에서 나오는 빛이 위를 비치며 삐쳐 나오는 모양 뜻은 **희다**이고, **백**이라고 읽어요.

총 5획 ′ ⺊ 白 白 白

부수 5획 白 흰 백
白

한자어를 익히고 글자를 써 보세요

하늘에서 **하얀**(白)눈이 펑펑 내려요.

퀴즈 새하얀 **백**☐ 조가 호수에 날아왔어요.

중국어 표현

白
bái 바이
흰색, 백색

3 힘 력

훈 힘 음 력

옛 밭을 가는 농기구모습으로 일을 할 때 힘을 나타내는 모양.
뜻은 **힘**이고, **력**이라고 읽어요.

총 2획 ㄱ 力

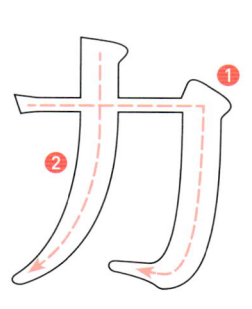

力	力	力	力
힘 력	힘 력	힘 력	힘 력

부수 2획 力 힘력
力

한자어를 익히고 글자를 써 보세요

강민이는 우리 반에서 힘(力)이 제일 세요.

퀴즈 몸과 마음을 다해 노**력** ☐ 하면 목표를 이룰 수 있어요.

중국어 표현

力
lì 리
힘

4 마디 촌

寸

훈 마디 음 촌

손목에서 맥이 뛰는 곳까지의 길이로 가까운 거리를 뜻하며 뜻은 **마디**이고, **촌**이라고 읽어요.

총 3획 一 十 寸

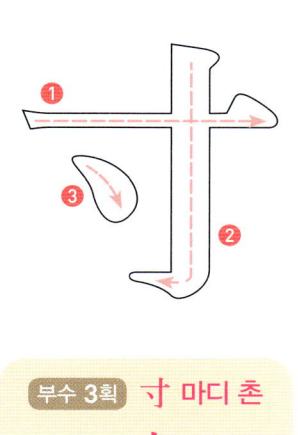

寸	寸	寸	寸
마디 촌	마디 촌	마디 촌	마디 촌

부수 3획 寸 마디 촌
寸

한자어를 익히고 글자를 써 보세요

삼**촌**(寸)이 우리집에 놀러 오셨어요.

퀴즈 나는 사**촌** ☐ 언니와 비눗방울 놀이를 했어요.

중국어 표현

寸
cùn 춘
촌, 치

5 돌 석

훈 돌 음 석

언덕이나 산기슭에 떨어져 뒹굴고 있는 돌의 모양.
뜻은 **돌**이고, **석**이라고 읽어요.

총 5획 一 ア 丆 石 石

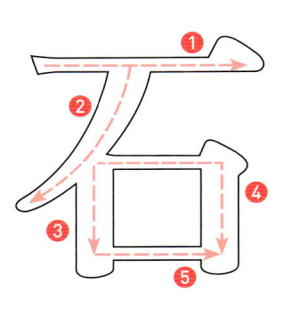

부수 5획 石 돌석
石

石	石	石	石
돌 석	돌 석	돌 석	돌 석

한자어를 익히고 글자를 써 보세요

산을 오를 때 **돌(石)**에 걸려 넘어지지 않도록 조심해요.

 장난감 보**석** ☐ 반지를 가지고 놀아요.

중국어 표현

石
shí 스
돌

쿵쿵따 리듬한자

 푸른 잎이 쏙쏙 나와 푸를 청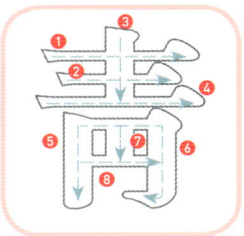

 밝은 햇살 비쳐 나와 흰 백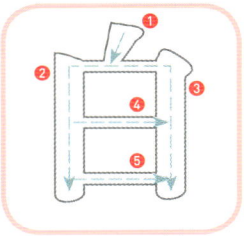

 일을 할 땐 힘을 내서 힘 력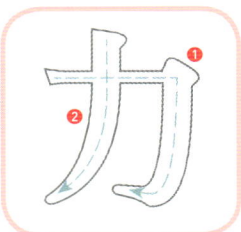

 손목에서 가까운 거리 마디 촌

 언덕에서 데굴 데굴 돌 석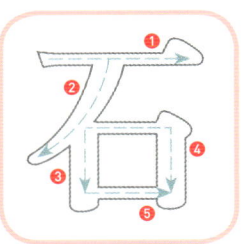

신나는 한자놀이

1. 그림 얼음조각에 써 있는 글자와 알맞은 한자스티커를 붙여 보세요.

부록 스티커를 사용하세요~

2. 다음 이미지 한자에 알맞은 한자를 힌트에서 찾아 써 보세요.

힌트: 靑 白 力 寸 石

재미있는 한자익히기

1. 훈(뜻)과 알맞은 한자를 연결해 보세요.

2. 한자에 알맞은 음(소리)을 찾아 ○표시를 하세요.

재미있는 한자이야기

三寸
삼촌

- 三 석 삼
- 寸 마디 촌

아버지의 결혼하지 않은 친 형제를 부르는 말

四寸
사촌

- 四 넉 사
- 寸 마디 촌

아버지의 친 형제자매의 아들이나 딸의 촌수를 말함

삼 촌

삼촌께서 우리 집에 놀러 오셨다.

사 촌

사촌들과 함께 수영장에 갔다.

水力
수력

- 水 물 수
- 力 힘 력

물이 흐르거나 떨어지는 물의 힘

人力
인력

- 人 사람 인
- 力 힘 력

사람의 힘
사람의 노동력

水力
수 력

수력을 이용하여 발전기를 돌린다.

人力
인 력

우수 인력을 새로 뽑았다.

出力
출력

出 날 **출**
力 힘 **력**

기기나 장치가 입력을 받아
일을 하고 결과를 내는 일

사진을 출력하였다.

青年
청년

靑 푸를 **청**
年 해 **년**

신체적, 정신적으로 어른이 되어가는
20대의 남자 또는 여자

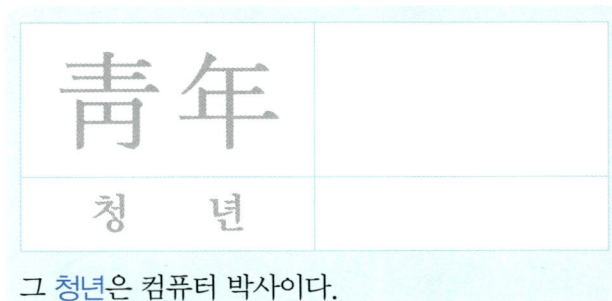

그 청년은 컴퓨터 박사이다.

火力
화력

火 불 **화**
力 힘 **력**

불이 탈 때에 내는 열의 힘

가스 화력이 세서 물이 금방 끓었다.

水石
수석

水 물 **수**
石 돌 **석**

물과 돌
물속에 있는 돌

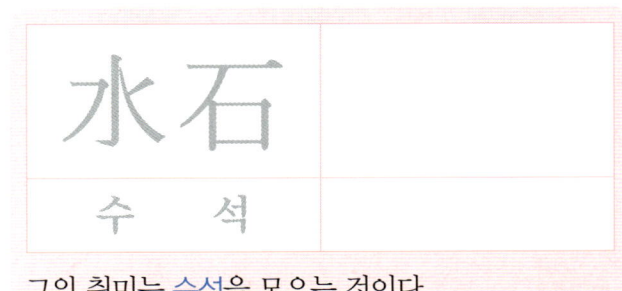

그의 취미는 수석을 모으는 것이다.

5단계

할머니는 어느 날 동물들에게 줄 초코 쿠키를 정성 껏 만들었어요. 그런데 그때 쿠키가 살아나서 달아났어요. 할머니와 소牛, 사냥개犬, 양羊, 말馬이 쿠키를 쫓아 뛰었지만, 아무도 쿠키를 잡지를 못했어요.

그림 속의 숨은 한자 찾기

牛	犬	羊	馬	魚
소 우	개 견	양 양	말 마	물고기 어

도망가던 쿠키는 강을 만났어요. 그 때 **물고기**魚가 나타나 쿠키를 등에 업고 강을 건너기 시작했어요. 강 끝에 이르자 물고기가 크게 입을 벌려 쿠키를 먹으려는 순간 어디선가 까마귀가 나타나 쿠키를 입에 물고 날기 시작했어요.

꾀를 낸 쿠키는 까마귀에게 물었어요.
"까마귀들도 초코 쿠키를 먹니?"
"그럼 쿠키가 얼마나 맛있는데."
까마귀가 입을 벌려 말하자 쿠키는 땅으로 떨어져 다시 도망치며 말했어요.
"아무도 나를 잡을 수 없다고!"

1 소 우

훈 소 음 우

뿔이 달린 소의 머리 모양을 본뜬 모양.
뜻은 **소**이고, **우**라고 읽어요.

총 4획 　ノ 𠂉 一 牛

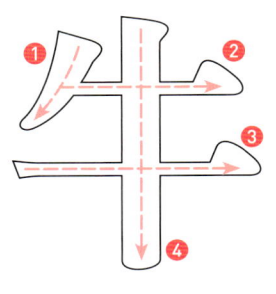

부수 4획　牛 소우
牛

牛	牛	牛	牛
소 우	소 우	소 우	소 우

한자어를 익히고 글자를 써 보세요

어미 소(牛)가 아기 송아지를 낳았어요.

퀴즈 우 [ ] 유를 먹으면 튼튼해져요.

중국어 표현

牛
niú 니우
소

2 개 견

犬
훈 개 음 견

개의 옆모습을 나타낸 모양.
뜻은 **개**이고, **견**이라고 읽어요.

총 4획 一 ナ 大 犬

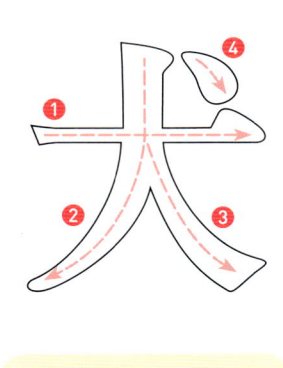

부수 4획 犬 개 견
犬

犬	犬	犬	犬
개 견	개 견	개 견	개 견

한자어를 익히고 글자를 써 보세요

개(犬)는 사람과 아주 친해요.

퀴즈 경찰**견** [　] 은 훈련을 받은 개로 경찰과 함께 범인을 잡아요.

중국어 표현

犬
quǎn 췐
개

3 양 양

훈 양 음 양

양의 머리를 나타낸 모양.
뜻은 **양**이고, **양**이라 읽어요.

총 6획　`、 `` ⺍ ⺷ 产 羊

부수 6획　羊 양양
羊

한자어를 익히고 글자를 써 보세요

동물농장에 엄마 **양(羊)**과 아기양이 있어요.

퀴즈　양 ☐ 털은 복실복실 귀여워요.

중국어 표현

羊
yáng 양
양

 말 마

馬

훈 말 음 마

말의 머리와 갈기와 꼬리와 네 다리를 나타낸 모양.
뜻은 **말**이고, **마**라고 읽어요.

총 10획 ㅣ ㄒ ㄒ ㅌ ㅌ 馬 馬 馬 馬 馬

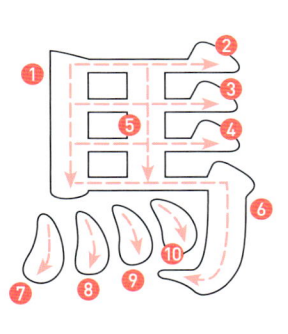

부수 10획 馬 말 마
馬

馬	馬	馬	馬
말 마	말 마	말 마	말 마

한자어를 익히고 글자를 써 보세요

동물원에 가서 **말(馬)**에게 당근을 주었어요.

 말이 **마** ☐ 차를 끌어요.

중국어 표현

馬 → 马
mǎ 마
말

5단계 **65**

5 물고기 어

 →

魚
훈 물고기 음 어

물고기를 나타낸 모양.
뜻은 **물고기**, **어**라고 읽어요.

총 11획 ノ ク ク 々 刍 刍 备 角 魚 魚 魚

부수 11획 魚 물고기 어
魚

魚	魚	魚	魚
물고기 어	물고기 어	물고기 어	물고기 어

한자어를 익히고 글자를 써 보세요

어항 속 **물고기(魚)**가 알을 낳았어요.

 인어 ☐ 공주가 사는 바다 속 왕국은 정말 멋져요.

중국어 표현

魚 → 鱼
yú 위
물고기

쿵쿵따 리듬한자

 밭에서 일을 하던 소 우 牛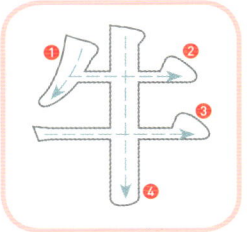

 살랑 살랑 반겨주는 개 견 犬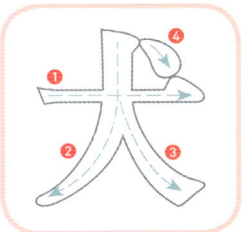

 머리 위에 뿔이 두개 양 양 羊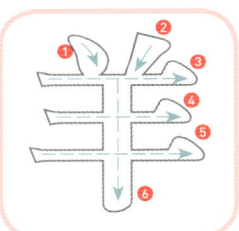

 따그닥 따그닥 달려가는 말 마 馬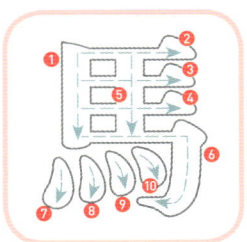

 물속에서 헤엄치는 물고기 어 魚

신나는 한자놀이

1. 동물 주차장에 표시된 한자음을 보면서 차를 주차해 보세요.

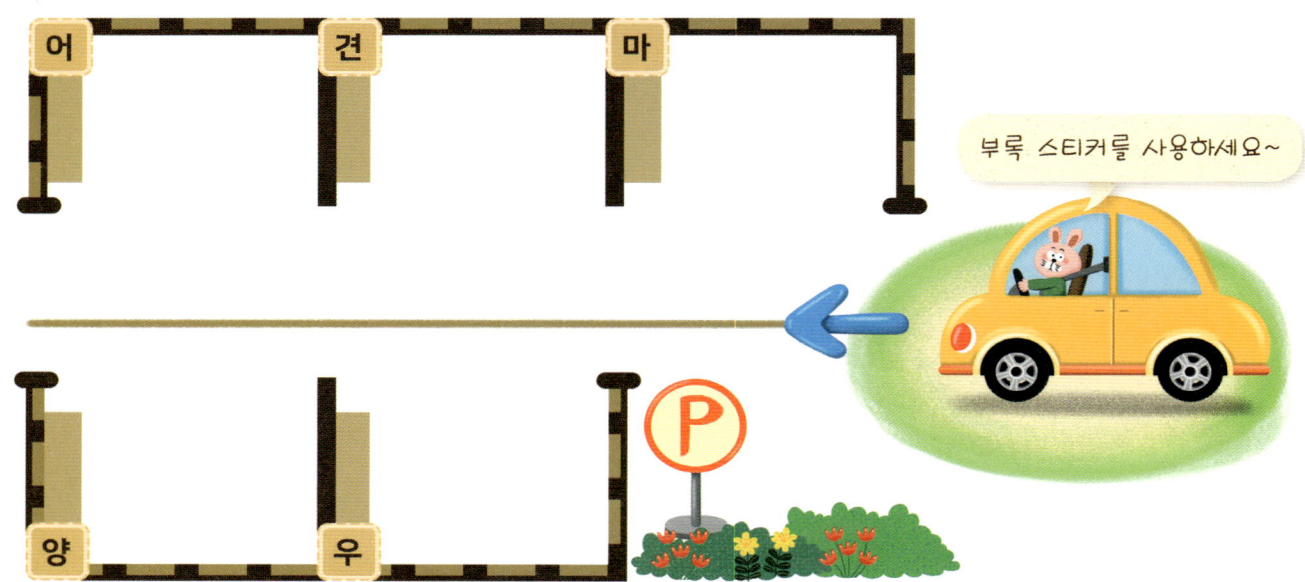

2. 거북이가 동물들을 등에 태우고 바다를 건너가요. 한자 어원과 관련된 번호를 써 보세요.

❶ 물고기 어 魚　❷ 말 마 馬　❸ 소 우 牛　❹ 양 양 羊　❺ 개 견 犬

재미있는 한자익히기

1. 훈(뜻)과 알맞은 한자를 연결해 보세요.

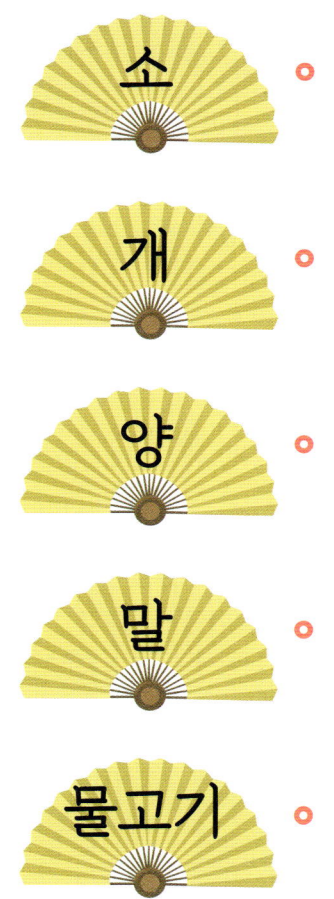

2. 한자에 알맞은 음(소리)를 찾아 ○표시를 하세요.

재미있는 한자이야기

木馬
목마
- 木 나무 목
- 馬 말 마

나무로 말의 모양 처럼 만든 물건

白馬
백마
- 白 흰 백
- 馬 말 마

흰 말

木馬	
목 마	

회전 목마를 타서 신난다.

白馬	
백 마	

백마가 바람을 가르며 달렸다.

白羊
백양
- 白 흰 백
- 羊 양 양

털이 흰색인 양

山羊
산양
- 山 메 산
- 羊 양 양

염소

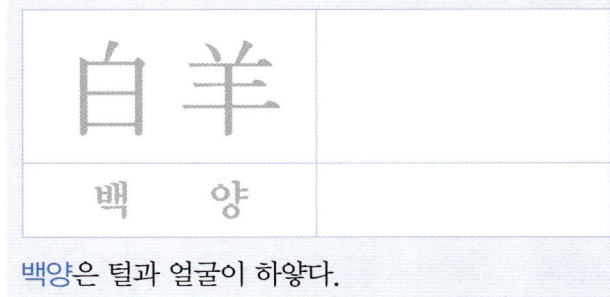

白羊	
백 양	

백양은 털과 얼굴이 하얗다.

山羊	
산 양	

산양은 암벽으로 이루어진 산에 산다.

70 신비한자 7급

人魚
인어

人 사람 인
魚 물고기 어

허리 위는 사람의 몸과 비슷하고 허리 아래는
물고기와 같다고 상상하는 바다동물

人魚	
인 어	

인어가 나오는 동화를 읽었다.

出馬
출마

出 날 출
馬 말 마

말을 타고 나감
선거에 입후보함

出馬	
출 마	

열 명이 대통령 선거에 출마했다.

大魚
대어

大 큰 대
魚 물고기 어

큰 물고기

大魚	
대 어	

아빠가 대어를 낚았다.

馬力
마력

馬 말 마
力 힘 력

말 한 마리의 힘에 해당하는 일의 양으로
시간당 일의 양을 나타내는 단위로 쓰임

馬力	
마 력	

마력이 높아 속도가 빠르다.

"나는 식구가 **적고少** 형님 네는 식구가 많으니 쌀이 더 필요할거야."

저녁夕이 돼서도 형은 아우 집에 아우는 형님 집에 쌀을 가져다 두었어요. 형과 아우는 고마워하며 서로를 부둥켜 안고 활짝 웃었답니다.

1 저녁 석

夕
훈 저녁 음 석

달 '月'에서 한 획이 빠져 희미하게 보이는 반달 모양.
뜻은 **저녁**이고, **석**이라고 읽어요.

총 3획   ノ ク 夕

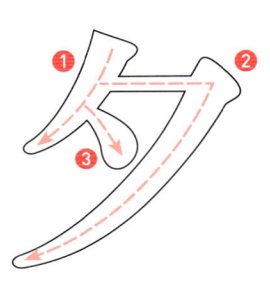

| | 저녁 석 | 저녁 석 | 저녁 석 | 저녁 석 |

부수 3획   夕 저녁 석
夕

한자어를 익히고 글자를 써 보세요

오늘 식당에서 **석(夕)**식으로 짜장밥이 나와요.

퀴즈 추**석** ☐ 에는 보름달이 떠요.

중국어 표현

夕
xī 시
저녁 때, 해질녘

2 많을 다

훈 많을 음 다

저녁을 두 번 겹쳐 어제, 오늘이 지나 세월이 쌓이는 모습.
뜻은 **많다**이고, **다**라고 읽어요.

총 6획   ノ ク タ タ 多 多

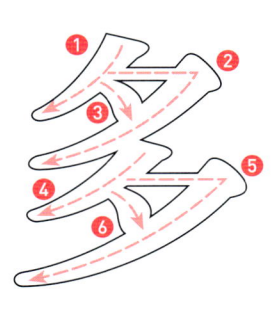

| 많을 다 | 많을 다 | 많을 다 | 많을 다 |

부수 3획   夕 저녁 석
多

한자어를 익히고 글자를 써 보세요

종이 접기 시간에 **다(多)**양한 접기 방법을 배워요.

 퀴즈   책을 100권 읽으면 다☐ 독상을 받아요.

중국어 표현

多
duō 뚜오
(수량이) 많다

3 적을 소

훈 적을/젊을 음 소

'小'의 일부분이 떨어져서 양이 적어진 모양.
뜻은 **적다** 이고, **소**라고 읽어요.

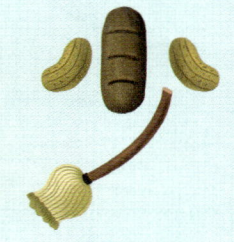

총 4획   丿 小 小 少

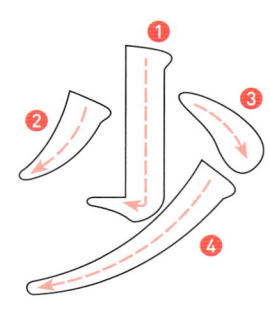

적을 소   적을 소   적을 소   적을 소

부수 3획   小 작을 소
少

한자어를 익히고 글자를 써 보세요

소(少)년 소(少)녀 합창단에 들어갔어요.

퀴즈 이번 소년축구 시합은 소☐수 인원만 참가해요.

중국어 표현

少
shǎo 샤오
적다

4 먼저 선

훈 먼저 음 선

한 발 먼저 앞서 가는 사람의 모습.
뜻은 **먼저**이고, **선**이라고 읽어요.

총 6획 ノ 一 十 生 步 先

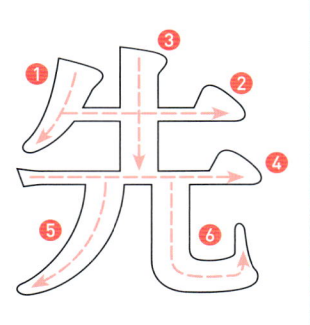

부수 2획 儿 어진사람인 발
先

先	先	先	先
먼저 선	먼저 선	먼저 선	먼저 선

한자어를 익히고 글자를 써 보세요

미술 **선(先)** 생님께서 쉽게 그리는 방법을 알려주셨어요.

퀴즈 아빠는 선 [ ] 약이 있으셔서 미술전시회에 못 오셨어요.

중국어 표현

先
xiān 시엔
앞, 앞장

5 구슬 옥

훈 구슬 음 옥

옥돌 세 개가 실에 꿰어진 모양(王)으로 왕(王)과 구분하기 위해 점 하나를 더한 모양. 뜻은 **구슬**이고, **옥**이라고 읽어요.

총 5획   一 = 干 玉 玉

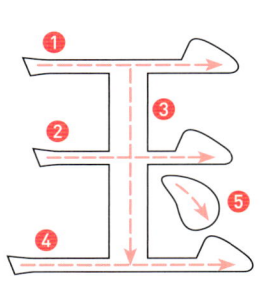

玉	玉	玉	玉
구슬 옥	구슬 옥	구슬 옥	구슬 옥

부수 5획 **玉** 구슬 옥
玉

한자어를 익히고 글자를 써 보세요

할머니께서 **옥(玉)**반지를 엄마에게 주셨어요.

 흐린 초록빛 바다 색깔이 **옥** □ 색처럼 빛나요.

중국어 표현

玉
yù 위
옥

쿵쿵따 리듬한자

 달이 뜨는 저녁은 **저녁 석** 夕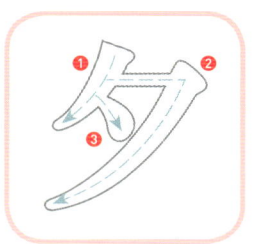

 쌓고 쌓여 많아 져서 **많을 다** 多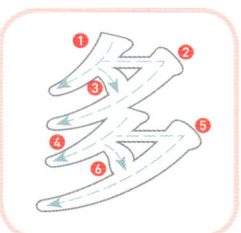

 일부분이 떨어져서 **적을 소** 少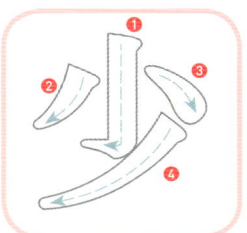

 한 발 먼저 앞서 가는 **먼저 선** 先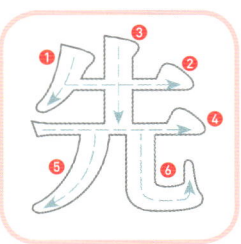

 옥돌 세 개 실에 꿰어 **구슬 옥** 玉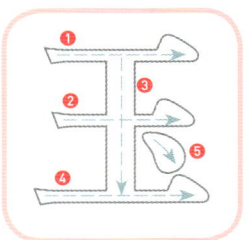

신나는 한자놀이

1. 한자의 음(소리)에 알맞는 한자스티커를 붙여 보세요.

부록 스티커를 사용하세요~

2. 먼저 배달해야 하는 선물상자는 몇 번일까요? 배달표를 보고 번호를 적어 보세요.

재미있는 한자 익히기

1. 훈(뜻)과 알맞은 한자를 연결해 보세요.

2. 한자에 알맞은 음(소리)를 찾아 ○표시를 하세요.

재미있는 한자이야기

少年 소년

少 적을 소
年 해 년(연)

아주 어리지도 않고 완전히 성숙하지도 않은 사내아이

少年
소 년

소년은 할머니를 도와드렸다.

少女 소녀

少 적을 소
女 여자 녀(여)

아주 어리지도 않고 완전히 성숙하지도 않은 여자아이

少女
소 녀

소녀는 머리를 곱게 땋았다.

白玉 백옥

白 흰 백
玉 구슬 옥

흰 빛깔의 옥

白玉
백 옥

피부가 백옥같이 곱다.

玉石 옥석

玉 구슬 옥
石 돌 석

구슬과 돌이라는 뜻으로, 좋은 것과 나쁜 것을 비유적으로 이르는 말

玉石
옥 석

옥석을 가리다.

先生 선생

先 먼저 선
生 날 생

학생을 가르치는 사람,
남을 존대하여 부르는 말

先生
선 생

선생님의 말씀을 잘 새겨듣다.

先王 선왕

先 먼저 선
王 임금 왕

선대의 임금, 옛날의 어진 임금

先王
선 왕

선왕은 훌륭한 임금이었다.

先金 선금

先 먼저 선
金 쇠 금, 성씨 김

무엇을 사거나 빌릴 때 먼저 치르는 돈

先金
선 금

선금을 내고 물건 배달을 시켰다.

多少 다소

多 많을 다
少 적을 소

분량이나 정도가 많음과 적음

多少
다 소

채소 값이 작년보다 다소 올랐다.

7단계

놀기를 좋아하는 베짱이는 여름 내내 공工부도 일도 하지 않고, 기타를 치며 놀기만 했어요. 개미도 놀고 싶었지만 추운 겨울을 대비해 땀을 흘리며 집도 짓고 음식을 모아두었지요.

추운 겨울이 오자, 자己가 하고 싶은 일만 했던 베짱이는 춥고 배가 고팠어요.
그제서야 그동안 놀기만 한 자自신을 원망했어요.

그림 속의 숨은 한자 찾기

工	自	己	入	主
장인 공	스스로 자	몸 기	들 입	주인 주
☐	☐	☐	☐	☐

1 장인 공

工

훈 장인 음 공

장인들이 물건을 만들 때 사용하던 도구 모양. 뜻은 **장인**이고, **공**이라고 읽어요.

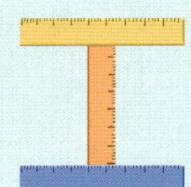

총 3획 一 T 工

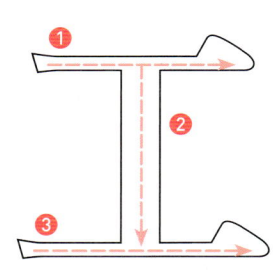

工	工	工	工
장인 공	장인 공	장인 공	장인 공

부수 3획 工 장인 공
工

한자어를 익히고 글자를 써 보세요

학교 운동장은 공(工)사중이라 조심히 다녀야 해요.

 수학 공 ☐ ☐ 부는 문제를 여러 번 풀어보면 수학달인이 될 수 있어요.

중국어 표현

工
gōng 꽁
일꾼, 노동

2 스스로 자

훈 스스로 음 자

코를 가리키며 자신을 뜻하는 모습으로 코의 모양.
뜻은 **스스로**이고, **자**라고 읽어요.

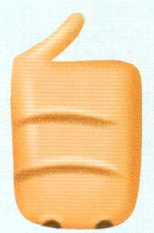

총 6획   ′ 亻 冂 冃 自 自

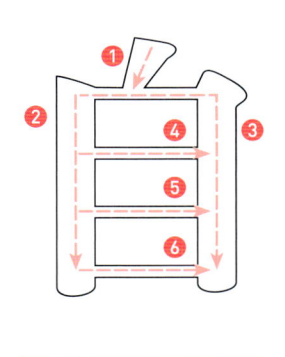

부수 6획 自 스스로 자
自

自	自	自	自
스스로 자	스스로 자	스스로 자	스스로 자

한자어를 익히고 글자를 써 보세요

발표할 때는 **자(自)**신감을 가지고 해요.

 자 ☐ 기 방은 스스로 정리 해요.

중국어 표현

自
zì 쯔
자기, 자신

3 몸 기

己

훈 몸 음 기

구부러진 실 모양 처럼 굽혀진 사람의 몸 모양. 뜻은 **몸**이고, **기**라고 읽어요.

총 3획 ㄱ ㄱ 己

부수 3획 己 몸기
己

己	己	己	己
몸 기	몸 기	몸 기	몸 기

한자어를 익히고 글자를 써 보세요

세종대왕은 자기(己) 몸처럼 신하를 돌보았어요.

퀴즈 자기의 이익만을 꾀하는 마음을 이**기**☐심 이라고 해요.

중국어 표현

己
jǐ 지
자기(自己), 자신

4 들 입

훈 들 음 입

옛날 사람들이 생활하던 흙 집의 입구 모양으로 고개를 숙여 '들어가다'를 뜻함. 뜻은 **들**이고, **입**이라고 읽어요.

총 2획 ノ 入

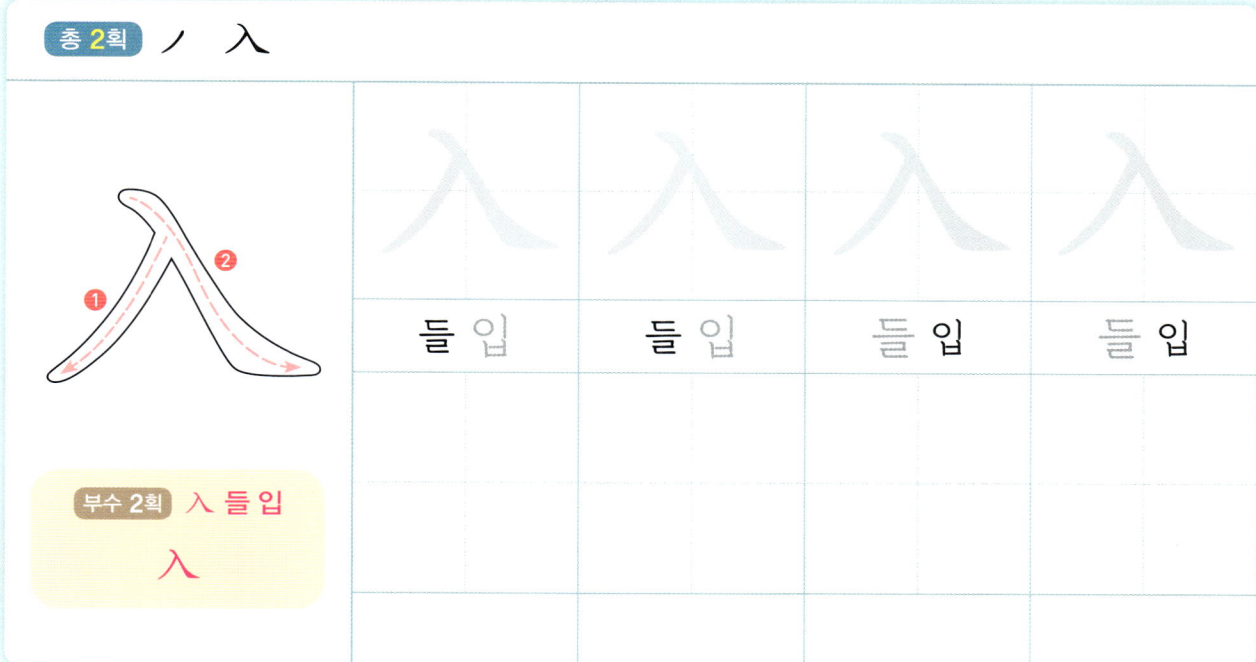

부수 2획 入 들입

| | 들입 | 들입 | 들입 | 들입 |

한자어를 익히고 글자를 써 보세요

동생이 초등학교에 **입(入)**학 했어요.

 퀴즈 입 ☐ 구가 작아 고개를 숙이고 들어갔어요.

중국어 표현

入
rù 루
들다, 가입

5 주인 주

 → ❀ → 坐 → 主

훈 주인 음 주

한 집안에 불을 관리하고 집안을 밝혀야 할 사람을 뜻하여 촛대의 불의 모양.
뜻은 **주인**이고, **주**라고 읽어요.

총 5획 ` 一 十 キ 主

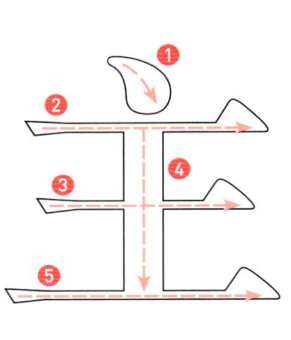

부수 1획 丶 점 주
主

주인 주	주인 주	주인 주	주인 주

한자어를 익히고 글자를 써 보세요

어린이는 이 나라를 이끌어갈 **주(主)**인공입니다.

퀴즈 휴대폰의 **주** ☐ 인을 찾았어요.

중국어 표현

主
zhǔ 쥬
주인

쿵쿵따 리듬한자

 장인들이 쓰던 물건 장인 공 工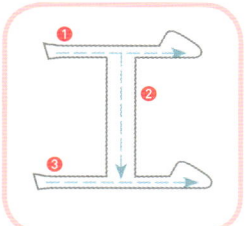

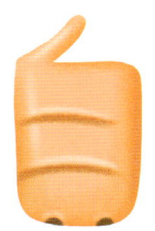 자기 코를 가리키는 스스로 자 自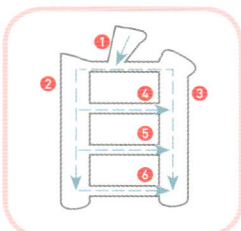

 구부러진 몸의 모양 몸 기 己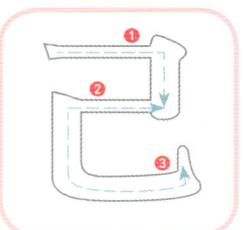

 고개 숙여 들어가는 들 입 入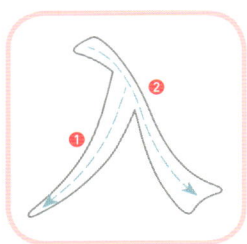

 불을 관리하는 자 주인 주 主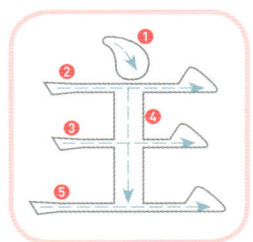

신나는 한자놀이

1. 다음 그림에 알맞은 한자스티커를 붙여 보세요.

부록 스티커를 사용하세요~

2. 다음 힌트를 보고 베짱이가 키운 야채에 ○표시를 하세요.

힌트
스스로 자
몸 기
주인 주
들 입

재미있는 한자익히기

1) 훈(뜻)과 알맞은 한자를 연결해 보세요.

2) 한자에 알맞은 음(소리)를 찾아 ○표시를 하세요.

재미있는 한자이야기

手工
수공

手 손 **수**
工 장인 **공**

손으로 만드는 일이나 만든 간단한 공예

木工
목공

木 나무 **목**
工 장인 **공**

나무를 다루어 물건을 만드는 일

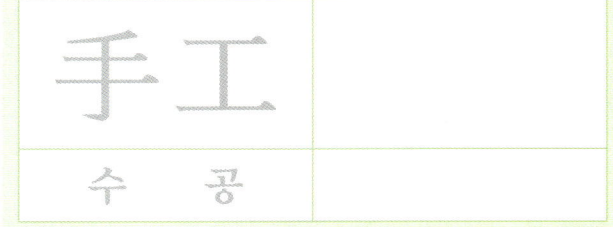

手工	
수 공	

감사카드를 수공으로 만들었다.

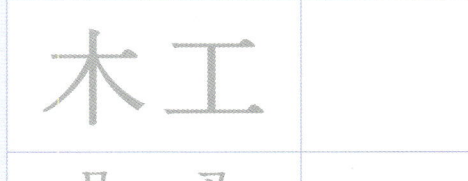

木工	
목 공	

삼촌은 목공 일을 배우고 있다.

自己
자기

自 스스로 **자**
己 몸 **기**

자기(그 사람 자신) / 나

主人
주인

主 주인 **주**
人 사람 **인**

물건이나 대상의 소유자
한 집안이나 단체를 이끌고 가는 사람

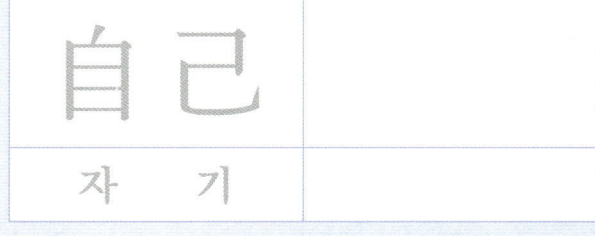

自己	
자 기	

자기 일에 최선을 다하자.

主人	
주 인	

교실에 주인 없는 우산이 있다.

出入
출입

出 날 출
入 들 입

나가고 들어감
어느 곳을 드나듦

入金
입금

入 들 입
金 쇠 금 / 성씨 김

은행에 돈을 들여놓거나
들어온 돈

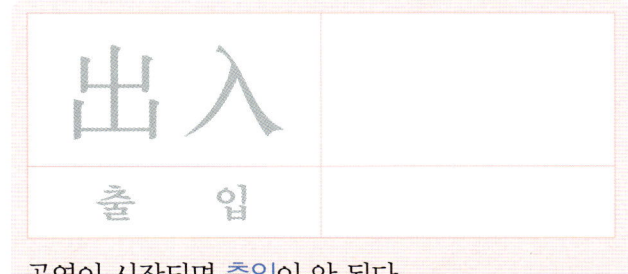

공연이 시작되면 출입이 안 된다.

은행에 세뱃돈을 입금하였다.

大入
대입

大 큰 대
入 들 입

대학교 입학의 줄임말

入力
입력

入 들 입
力 힘 력(역)

기계나 컴퓨터에 문자나 숫자 등을
기억하게 하는 일

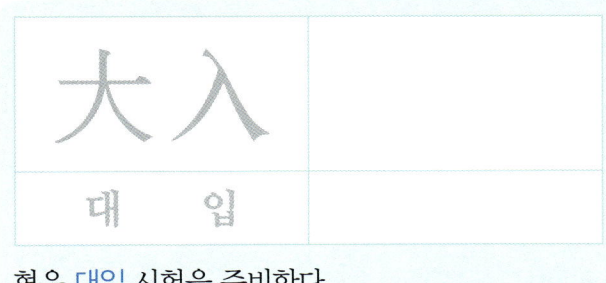

형은 대입 시험을 준비한다.

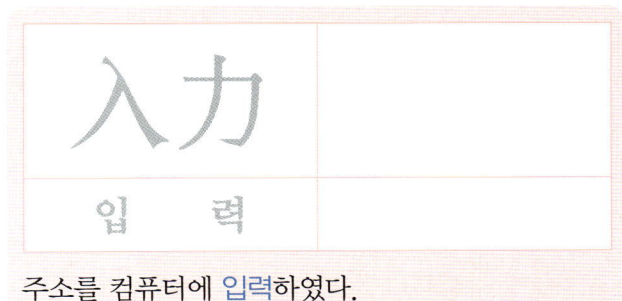

주소를 컴퓨터에 입력하였다.

8단계

할아버지는 **이름名**이 예쁜 파랑새를 따라 마법의 샘물에 왔어요. 할아버지가 그 샘물을 마시자 다시 **태어난生** 것처럼 젊어졌어요. 할아버지는 집으로 달려가 할머니에게 젊어지는 샘물 이야기를 들려주었어요. 할머니도 샘물을 마시자 어여쁜 색시로 젊어졌어요.

그림 속의 숨은 한자 찾기

生	川	立	姓	名
날 생	내 천	설 립	성씨 성	이름 명

그런데 이웃집 왕 씨 **성姓**을 가진 욕심쟁이 할아버지가 이를 엿듣고 젊어지는 샘물을 찾아갔어요. 마을 입구 탑이 **세워진立** 곳을 돌아 **내천川**을 지나 숲 속 큰 나무 뒤에 있는 젊어지는 샘물을 찾아냈어요.

그런데 욕심쟁이 할아버지는 샘물을 너무 많이 마셔서 그만 갓난아기가 되어버렸어요. 젊어진 부부는 갓난아기를 집으로 데려와 착하고 바르게 키우기로 했답니다.

1 날 생

훈 날 음 생

새싹이 땅 위에 솟아 나온 모양.
뜻은 **'나다, 낳다'**이고,
생이라고 읽어요.

총 5획   ノ ㅏ 녀 牛 生

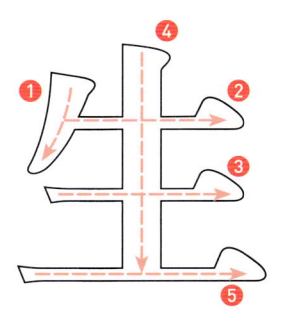

生	生	生	生
날 생	날 생	날 생	날 생

부수 5획 生 날 생
生

한자어를 익히고 글자를 써 보세요

삐약삐약 병아리가 **태어(生)** 났어요.

퀴즈 친구 생 ☐ 일 축하 카드를 만들었어요.

중국어 표현

生
shēng 성
낳다, 태어나다

신비한자 7급

2 내 천

훈 내 음 천

양쪽 언덕 사이로 물이 흘러가고 있는 모양. 뜻은 **내**이고, **천**이라고 읽어요.

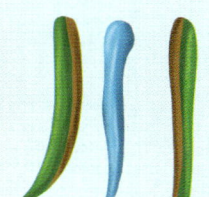

총 3획 ㇓ ㇓ 川

내 천	내 천	내 천	내 천

부수 3획 川 내 천
川

한자어를 익히고 글자를 써 보세요

냇물(川)에 발을 담그고 놀았어요.

 우리나라는 산**천** ☐ 을 기준으로 지역을 나누었어요.

중국어 표현

川
chuān 추안
내, 하천

3 설 립(입)

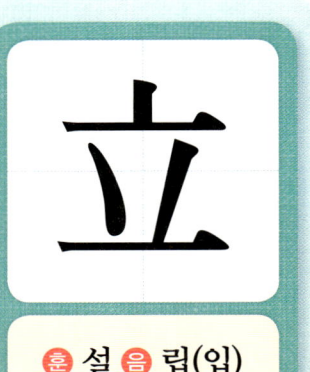

훈 설 음 립(입)

사람이 대지 위에 서 있는 모양. 뜻은 '**서다, 세우다**'이고 **립(입)**이라고 읽어요.

총 5획 ` ㅗ ㅗ 立 立

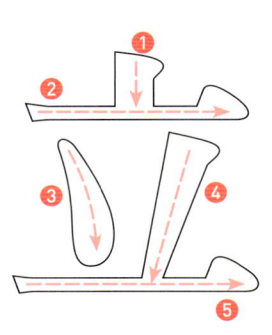

立	立	立	立
설 립(입)	설 립(입)	설 립(입)	설 립(입)

부수 5획 立 설 립(입)
立

한자어를 익히고 글자를 써 보세요

나라에서 관리하는 공원을 국립(立)공원이라 해요.

퀴즈 어려서부터 자기 일을 스스로 하면 독립 심을 기를 수 있다.

중국어 표현

立
li 리
서다

4 성씨 성

훈 성씨 음 성

여자(女)에게서 아기를 낳으면(生) 부모의 성을(성씨)를 갖게 된다. 가족이 된다는 뜻으로 성을 나타냄.
뜻은 **성씨**이고, **성**이라고 읽어요.

총 8획 ㄑ ㄠ ㄠ 女 女 女ㄧ 姓 姓

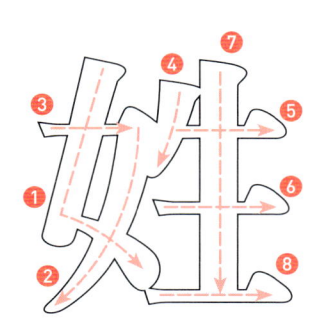

| 姓 | 姓 | 姓 | 姓 |
| 성씨 성 | 성씨 성 | 성씨 성 | 성씨 성 |

부수 3획 **女** 여자 녀
姓

한자어를 익히고 글자를 써 보세요

우리나라 성(姓)씨 중에 김씨, 박씨, 이씨가 많아요.

 책 위에 성 ☐ 명을 적어주세요.

중국어 표현

姓
xìng 씽
성(씨)

5 이름 명

 → 밤 + 입 = 名

名
- 훈: 이름
- 음: 명

전깃불이 없던 옛날에는 저녁에(夕) 얼굴이 보이지 않아 이름을 입으로(口) 불러 사람을 구별하는 모습.
뜻은 **이름**이고, **명**이라고 읽어요.

총 6획 ノ ク 夕 夕 名 名

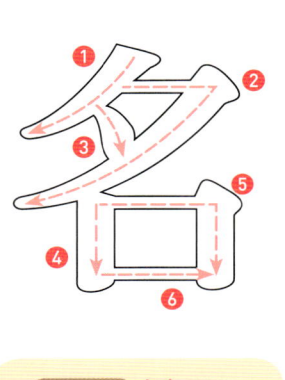

부수 3획 口 입구
名

名	名	名	名
이름 명	이름 명	이름 명	이름 명

한자어를 익히고 글자를 써 보세요

이름(名)대신 별명(名)을 부르면 기분이 나빠요.

퀴즈 나의 꿈은 유**명**☐☐한 가수가 되고 싶어요.

중국어 표현
名
míng 밍
이름, 명칭

신비한자 7급

쿵쿵따 리듬한자

 땅 위로 솟은 새싹 날 생 生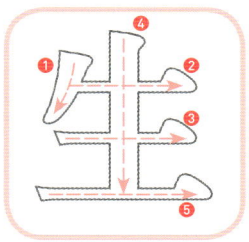

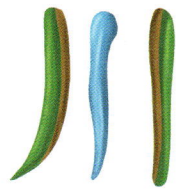 물이 모여 흘러가 내 천 川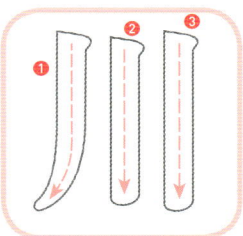

 땅을 밟고 우뚝 서서 설 립 立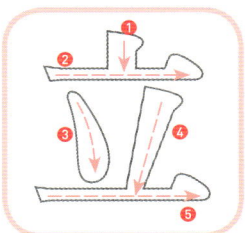

 여자에게 태어나 성씨 성 姓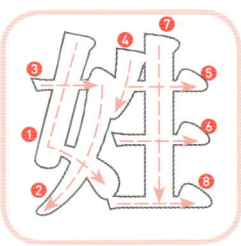

 캄캄한 밤 이름 불러 이름 명 名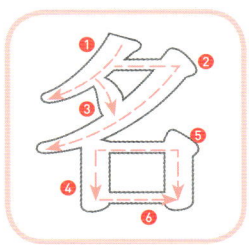

신나는 한자놀이

1. 한자의 훈(뜻)과 음(소리)에 맞는 완두콩 스티커를 붙여 보세요.

부록 스티커를 사용하세요~

2. 길을 따라 표시한 후, 한자를 가장 많이 지나가는 깃발에 ○표시를 하세요.

재미있는 한자익히기

1. 훈(뜻)과 알맞은 한자를 연결해 보세요.

2. 한자에 알맞은 음(소리)를 찾아 ○표시를 하세요.

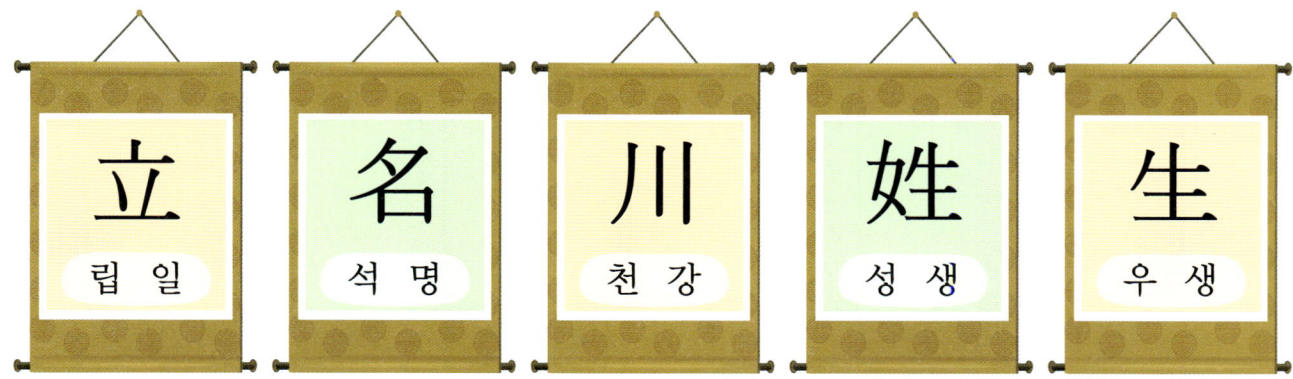

재미있는 한자이야기

生水
생수

- 生 날 생
- 水 물 수

샘에서 솟아 나오는 맑은 물

出生
출생

- 出 날 출
- 生 날 생

사람이 세상에 태어남

生水	
생 수	

생수 한 병을 샀다.

出生	
출 생	

동생의 출생을 앞두고 준비한다.

人生
인생

- 人 사람 인
- 生 날 생

사람이 세상을 살아가는 일

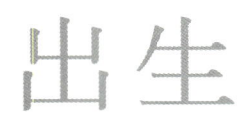

自立
자립

- 自 스스로 자
- 立 설 립(입)

남에게 예속되거나 의지하지 아니하고 스스로 일어남

人生	
인 생	

좋은 책은 사람의 인생을 바꾼다.

自立	
자 립	

부모의 도움 없이 자립하다.

姓名
성명

姓 성씨 **성**
名 이름 **명**

성과 이름

百姓
백성

百 일백 **백**
姓 성씨 **성**

나라의 근본을 이루는 일반 국민을
예스럽게 이르는 말

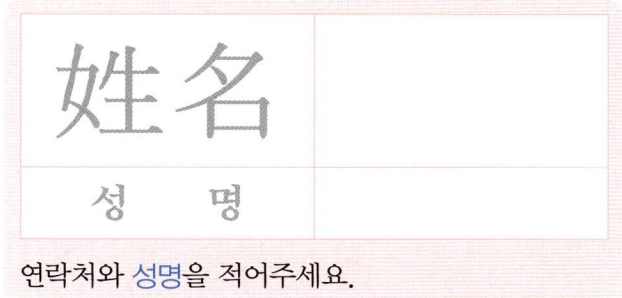

연락처와 성명을 적어주세요.

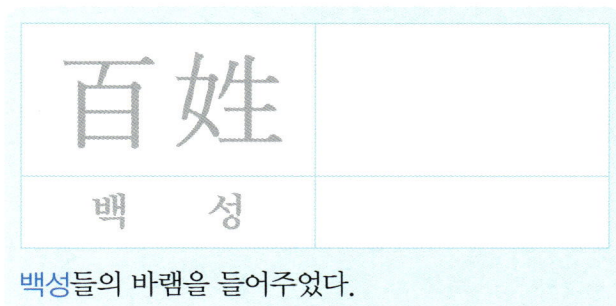

백성들의 바램을 들어주었다.

人名
인명

人 사람 **인**
名 이름 **명**

사람의 이름

山川
산천

山 메 **산**
川 내 **천**

산과 내를 뜻하는 말로
자연을 이르는 말

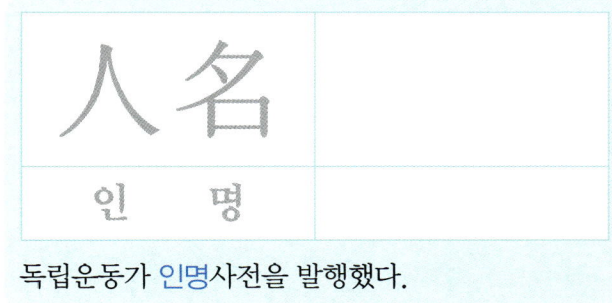

독립운동가 인명사전을 발행했다.

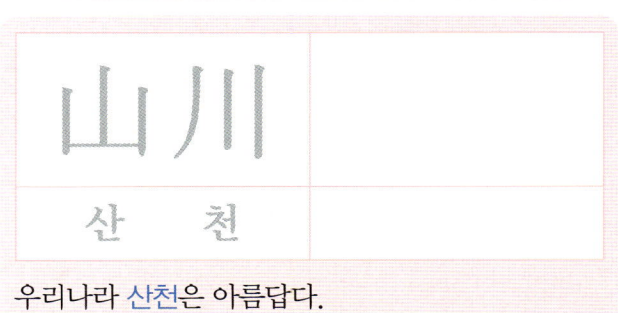

우리나라 산천은 아름답다.

교과서 한자어 알기

한자어	독음	뜻
江南	강남	강의 남쪽 지역
江山	강산	강과 산을 뜻하며 자연의 경치 / 나라의 영토를 나타냄
犬馬	견마	개나 말과 같이 천하고 보잘것없다는 뜻, 자신을 낮추는 말
內心	내심	겉으로 드러나지 않은 참마음
內外	내외	1. 안과 밖 2. 약간 많거나 적음
多年生	다년생	1. 여러해살이 2. 식물이 2년 이상 생존하는 일
多少	다소	1. 분량이나 정도가 많음과 적음 2. 어느 정도로
大魚	대어	큰 물고기
大入	대입	대학교 입학의 줄임말
大地	대지	넓고 큰 땅
馬力	마력	말 한 마리의 힘에 해당하는 일의 양으로 시간당 일의 양을 나타내는 단위로 쓰임
名馬	명마	매우 우수한 말
名目	명목	겉으로 내세우는 말
名門	명문	이름 있는 집안
名山	명산	이름난 산
名手	명수	기능이나 기술 따위에서 소질과 솜씨가 뛰어난 사람
木工	목공	나무를 다루어 물건을 만드는 일
木馬	목마	나무로 말의 모양처럼 만든 물건
木手	목수	손수 나무를 이용하여 집을 짓거나 여러 가지 물건을 만드는 일을 전문으로 하는 사람
目下	목하	눈앞의 형편, 아래
門下生	문하생	제자
白馬	백마	흰 말
百姓	백성	나라의 근본을 이루는 일반 국민을 예스럽게 이르는 말
白手	백수	맨손, 빈손 / 돈 한 푼 없이 빈둥거리며 놀고먹는 사람
白羊	백양	털빛이 흰 양
百玉	백옥	흰 빛깔의 옥
四寸	사촌	아버지의 친형제자매의 아들이나 딸의 촌수
山林	산림	산과 숲
山羊	산양	염소
山地	산지	들이 적고 산이 많은 지대
山川	산천	산과 내를 뜻하는 말로 자연을 이르는 말
三寸	삼촌	아버지의 친형제, 백부 나 숙부
生水	생수	샘에서 솟아 나오는 맑은 물
生日	생일	세상에 태어난 날
石工	석공	돌을 다루어 물건을 만드는 사람
石手	석수	돌을 다루어 물건을 만드는 사람
先金	선금	무엇을 사거나 빌릴 때 먼저 치르는 돈
先山	선산	조상의 무덤이 있는 산
先生	선생	학생을 가르치는 사람 / 남을 존대하여 부르는 말
先王	선왕	선대의 임금 / 옛날의 어진 임금
姓名	성명	성과 이름
少女	소녀	아주 어리지도 않고 완전히 성숙하지도 않은 여자아이
少年	소년	아주 어리지도 않고 완전히 성숙하지도 않은 사내아이
小心	소심	대범하지 못하고 지나치게 조심함
手工	수공	손으로 만드는 일이나 만든 간단한 공예

한자어	독음	뜻
水力	수력	물이 흐르거나 떨어지는 물의 힘
水石	수석	물 속에 있는 돌
手足	수족	손과 발
手中	수중	손 안
手下	수하	자신보다 나이나 지휘가 아래인 경우
心中	심중	마음 속 / 마음 속에 품고 있는 것
女心	여심	여자의 마음
年內	연내	올해 안
年上	연상	자기보다 나이가 많음
年少	연소	나이가 어림
年中	연중	한 해 동안, 한 해 동안 내내
五目	오목	바둑놀이의 하나
玉石	옥석	구슬과 돌이라는 뜻으로, 좋은 것과 나쁜 것을 비유적으로 이르는 말
王立	왕립	국왕이나 왕족이 세움
外地	외지	산과 숲 또는 자기가 사는 곳이 아닌 다른 고장
外出	외출	집이나 일하는 곳에서 잠시 벗어나 밖으로 나감
月出	월출	달이 지평선 위로 떠오름
耳目	이목	귀와 눈을 아울러 이르는 말
人工	인공	사람의 힘으로 자연에 대하여 가공하거나 작용하는 일
人力	인력	사람의 힘, 사람의 노동력
人名	인명	사람의 이름
人生	인생	사람이 세상을 살아가는 일
人心	인심	다른 사람의 처지를 헤아려 주고 도와주는 마음

한자어	독음	뜻
人魚	인어	허리 위는 사람의 몸과 비슷하고 허리 아래는 물고기와 같다고 상상하는 바다동물
日出	일출	해가 뜨다
入金	입금	은행 따위에 돈을 들여놓거나 들어온 돈
入力	입력	기계나 컴퓨터에 문자나 숫자 등을 기억하게 하는 일
入門	입문	무엇을 배우는 길에 처음 들어섬
入山	입산	산에 들어감
入手	입수	손에 들어옴
立地	입지	식물이 생육하는 일정한 장소의 환경
自己	자기	자기(그 사람 자신) / 나
自力	자력	자기 혼자의 힘
自立	자립	남에게 예속되거나 의지하지 아니하고 스스로 섬.
自白	자백	자기가 저지른 죄나 자기의 허물을 남들 앞에서 스스로 고백함
自生	자생	자기 자신의 힘으로 살아감
自足	자족	스스로 넉넉함을 느낌
自主	자주	남의 보호나 간섭을 받지 아니하고 자기 일을 스스로 처리함
左右	좌우	왼쪽과 오른쪽
主力	주력	중심이 되는 힘
主上	주상	임금을 다르게 부르는 말
主人	주인	물건이나 대상의 소유자 한 집안이나 단체를 이끌고 가는 사람
中年	중년	마흔 살 안팎의 나이
中心	중심	사물의 한 가운데
中天	중천	하늘의 한 가운데
地上	지상	땅의 위

109

한자어	독음	뜻
地主	지주	토지의 소유자
地下	지하	땅속이나 땅속을 파고 만든 구조물의 공간
天上	천상	하늘 위
天生	천생	하늘로부터 타고남
天地	천지	하늘과 땅, 세계
天下	천하	하늘 아래 온 세상
靑年	청년	신체적, 정신적으로 어른이 되어가는 20대의 남자 또는 여자
靑山	청산	풀과 나무가 무성한 푸른 산
靑少年	청소년	청년과 소년을 아울러 부르는 말
靑天	청천	푸른 하늘
出口	출구	밖으로 나갈 수 있는 곳
出金	출금	통장에서 돈을 쓰기 위해 꺼내는 일
出力	출력	기기나 장치가 입력을 받아 일을 하고 결과를 내는 일
出馬	출마	1. 말을 타고 나감 2. 선거에 입후보함
出生	출생	사람이 세상에 태어남
出入	출입	1. 나가고 들어감 2. 어느 곳을 드나듦
出土	출토	땅 속에 파묻혀 있던 것(물건)이 밖으로 나옴
土地	토지	논밭, 집터 같은 사람의 생활과 활동에 이용하는 땅
下手	하수	남보다 낮은 재주나 솜씨
火力	화력	불이 탈 때에 내는 열의 힘

○ 사자성어 알아 보기 ○

한자어	독음	뜻
東西南北	동서남북	동쪽·서쪽·남쪽·북쪽이라는 뜻으로, 모든 방향을 이르는 말
名山大川	명산대천	이름난 산과 내
父母兄弟	부모형제	아버지와 어머니, 형과 아우를 아울러 이르는 말
三三五五	삼삼오오	서너 사람 또는 대여섯 사람이 떼를 지어 다니거나 무슨 일을 함. 또는 그런 모양
三日天下	삼일천하	어떤 지위에 발탁·기용되었다가 며칠 못 가서 떨어지는 일을 비유적으로 이르는 말
上下左右	상하좌우	위와 아래, 왼쪽과 오른쪽을 아울러 이르는 말
十中八九	십중팔구	열 가운데 여덟이나 아홉 정도로 거의 대부분이거나 거의 틀림없음
一人天下	일인천하	한 사람이 온 세상을 지배함
天上天下	천상천하	하늘의 위와 아래라는 뜻으로, 온 세상을 이르는 말
靑天白日	청천백일	하늘이 맑게 갠 대낮

⑬ 男 ↔ 女
사내 남 / 여자 녀

⑭ 出 ↔ 入
날 출 / 들 입

⑮ 子 ↔ 女
아들 자 / 여자 녀

⑯ 左 ↔ 右
왼 좌 / 오른 우

⑰ 日 ↔ 月
해 일 / 달 월

⑱ 火 ↔ 水
불 화 / 물 수

○ 간체자 살펴 보기 ○

1. 内 = 內
nèi / 안 내

2. 马 = 馬
mǎ / 말 마

3. 鱼 = 魚
yú / 물고기 어

4. 青 = 靑
qīng / 푸를 청

정답

정답

7급 HNK 한중상용한자 예상문제 정답

7급 대한검정회 예상문제 정답

6급 대한검정회 예상문제 정답

정답

p12~13

p20~21

p24~25

p32~33

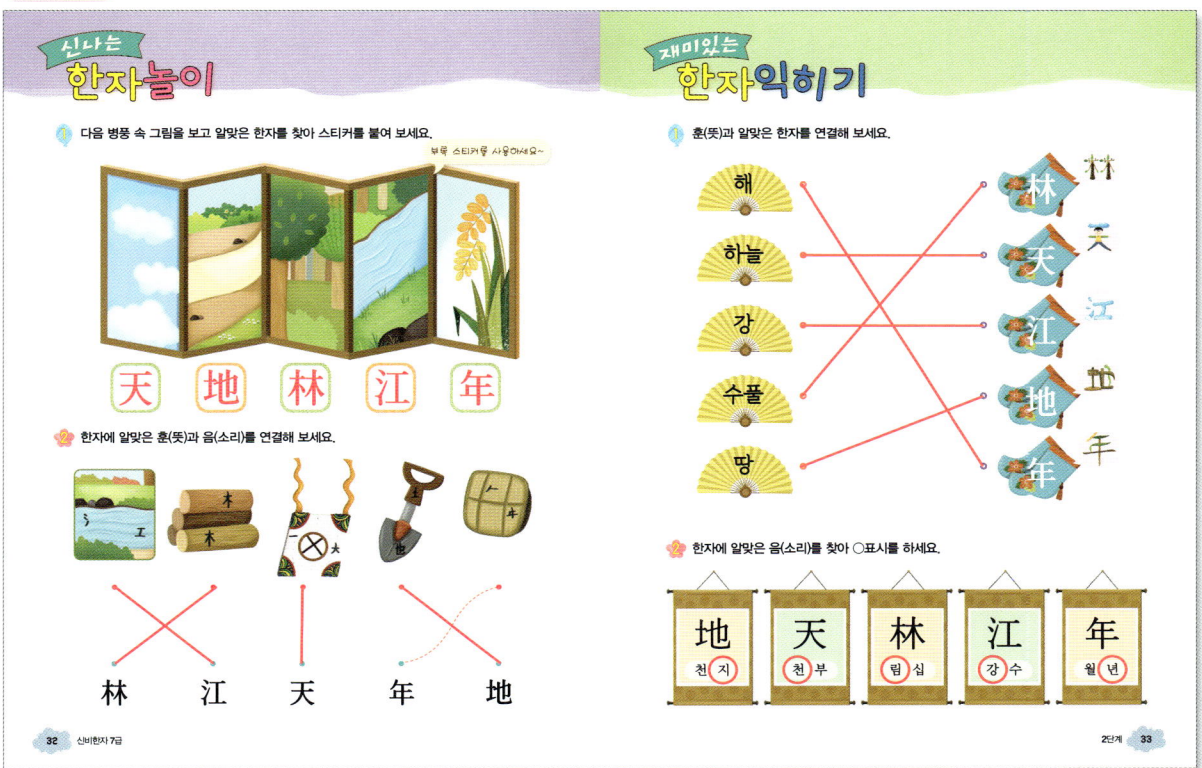

p36~37

p44~45

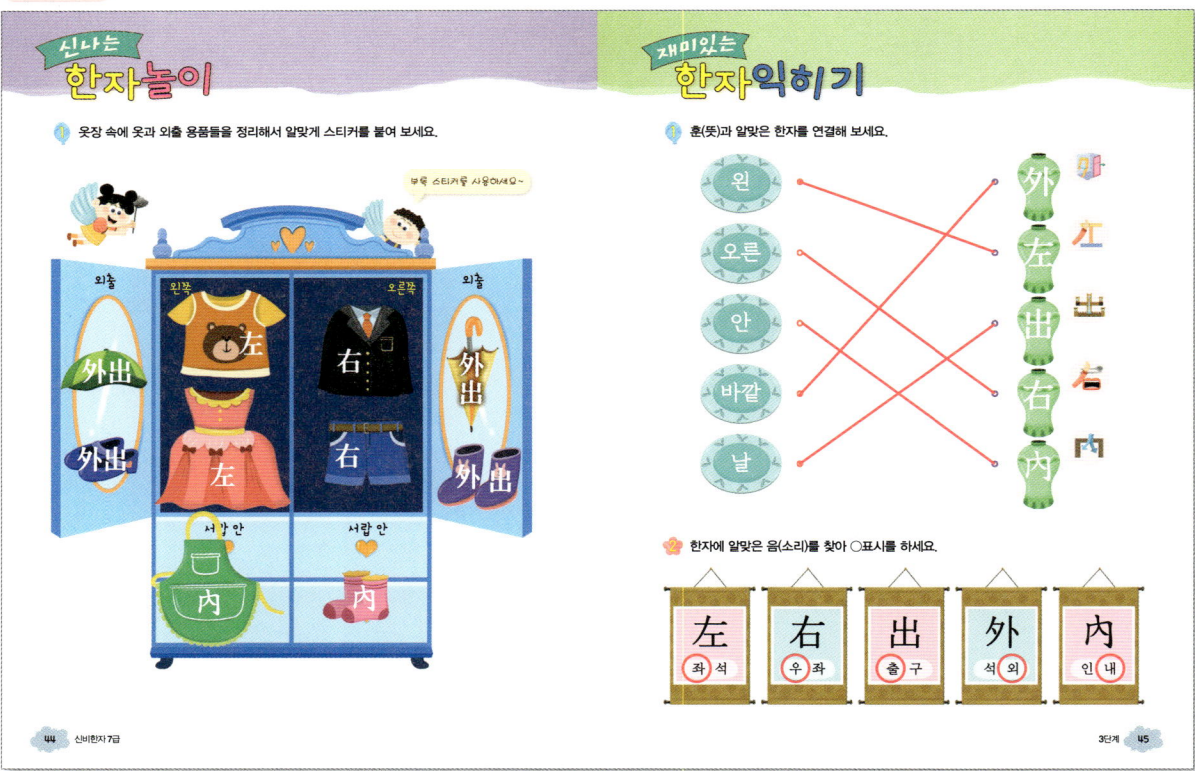

p48~49

p56~57

p60~61

p68~69

p72~73

p80~81

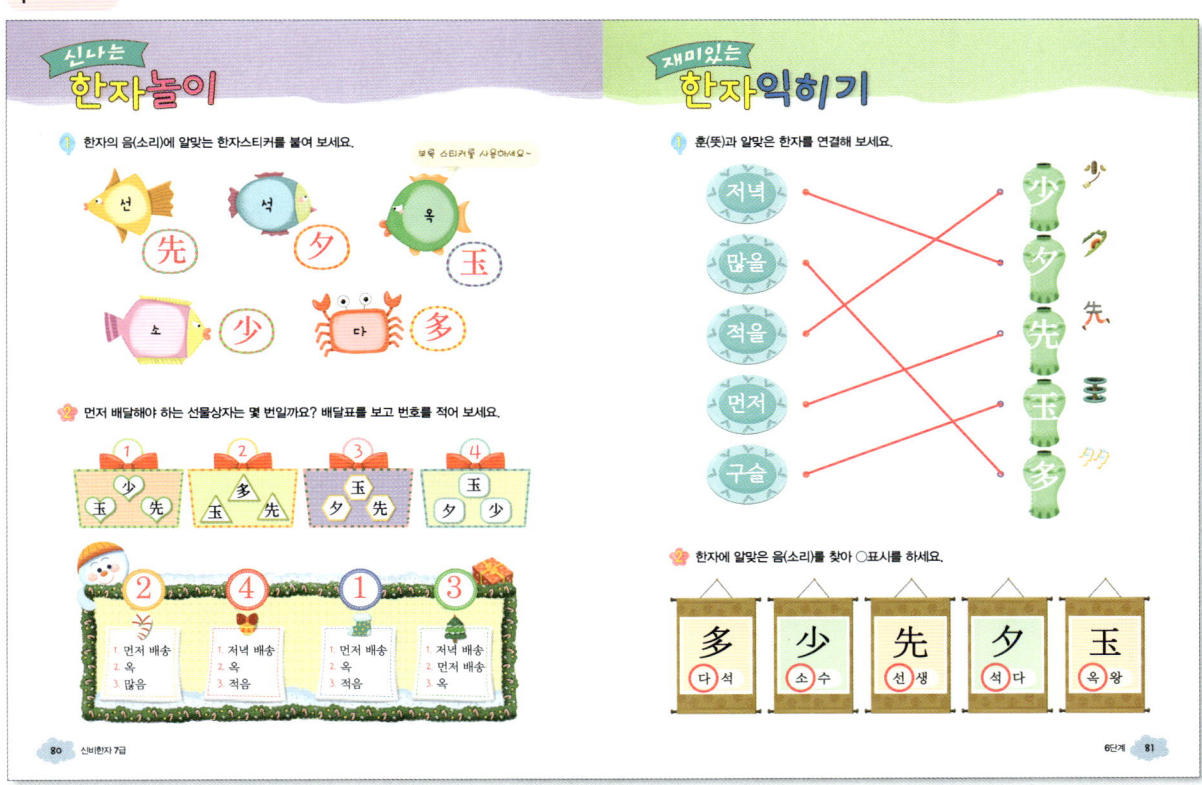

p84~85

p92~93

p96~97

p104~105

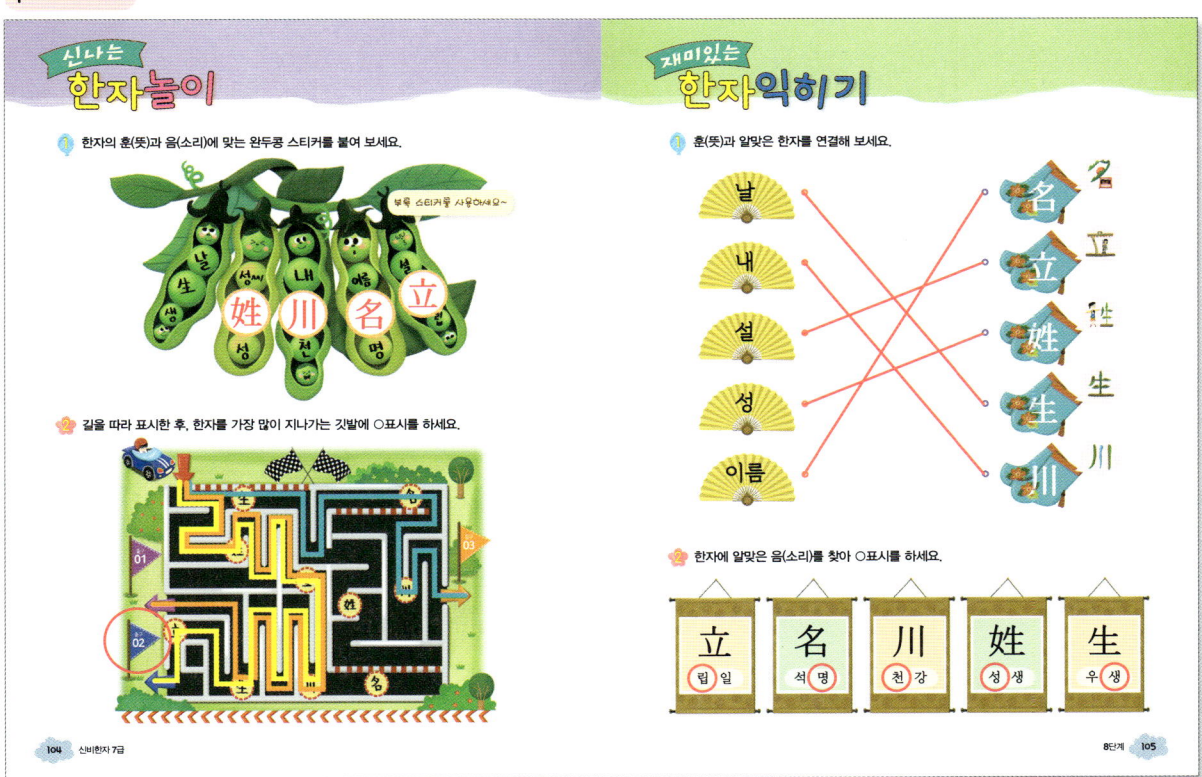

실전 예상문제 정답

7급 HNK한중상용한자능력시험 예상문제

1. ⑤ 2. ② 3. ③ 4. ① 5. ④
6. ⑤ 7. ① 8. ④ 9. ③ 10. ②
11. ⑤ 12. ① 13. ② 14. ④ 15. ③
16. ② 17. ④ 18. ⑤ 19. ① 20. ④
21. ② 22. ③ 23. ③ 24. ② 25. ①
26. ② 27. ④ 28. ③ 29. ① 30. ⑤
31. ⑤ 32. ④ 33. ① 34. ③ 35. ②
36. 문 문 37. 말 마 38. 물고기 어 39. 푸를 청 40. 동녘 동
41. 입력 42. 인심 43. 출토 44. 옥석 45. 연내
46. 수중 47. 생수 48. 이목 49. 산림 50. 자립

7급 대한검정회 예상문제

1. ① 2. ② 3. ④ 4. ④ 5. ①
6. ③ 7. ① 8. ② 9. ② 10. ①
11. ③ 12. ① 13. ③ 14. ③ 15. ①
16. ② 17. ④ 18. ① 19. ② 20. ③
21. ④ 22. ② 23. ② 24. ③ 25. ②

6급 대한검정회 예상문제

1. ② 2. ③ 3. ③ 4. ④ 5. ②
6. ④ 7. ③ 8. ① 9. ① 10. ②
11. ③ 12. ② 13. ② 14. ④ 15. ①
16. ② 17. ④ 18. ② 19. ④ 20. ①
21. ② 22. ④ 23. ① 24. ④ 25. ③
26. ② 27. ① 28. ③ 29. ④ 30. ②
31. ③ 32. ③ 33. ③ 34. ② 35. ④
36. ① 37. ② 38. ③ 39. ③ 40. ④
41. ③ 42. ② 43. ① 44. ④ 45. ②
46. ③ 47. ① 48. ④ 49. ④ 50. ③

실전 예상문제

7급 HNK 한중상용한자 예상문제 1회

7급 대한검정회 예상문제 1회

6급 대한검정회 예상문제 1회

OMR 카드

HNK 한중상용한자 예상문제

선택형 [1~32]

[1~5]
한자의 뜻과 음을 〈보기〉에서 골라 그 번호를 쓰세요.

〈보기〉		
① 쇠 금	② 안 내	③ 소 우
④ 구슬 옥	⑤ 장인 공	

1 工 (   )
2 內 (   )
3 牛 (   )
4 金 (   )
5 玉 (   )

[6~10]
다음 그림과 관계있는 한자를 찾아 선으로 이으세요.

6 　　　　① 耳

7 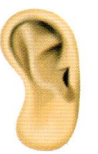　　　　② 牛

8 　　　　③ 夕

9 　　　　④ 亅

10 　　　　⑤ 子

[11~15]

다음 뜻과 음에 해당하는 한자를 〈보기〉에서 고르세요.

〈보기〉		
① 足	② 羊	③ 己
④ 上	⑤ 主	

11 주인 주   (   )

12 발 족   (   )

13 양 양   (   )

14 윗 상   (   )

15 몸 기   (   )

[16~17]

다음 한자와 뜻이 반대되는 한자를 〈보기〉에서 골라 그 번호를 쓰세요.

〈보기〉	
① 靑	② 右
③ 東	④ 山

16 左   (   )

17 川   (   )

[18~22]

다음 밑줄 친 낱말의 뜻을 가진 한자를 〈보기〉에서 골라 그 번호를 쓰세요.

〈보기〉		
① 名	② 自	③ 心
④ 天	⑤ 馬	

18 제주도에는 <u>말</u>이 많이 있습니다.
(   )

19 교과서에 자기 <u>이름</u>을 적으세요.
(   )

20 <u>하늘</u>에서 눈이 내려요.
(   )

21 숙제를 <u>스스로</u> 해야 해요.
(   )

22 친구를 돕는 예쁜 <u>마음</u>을 가져요.
(   )

HNK 한중상용한자 예상문제

[23~25]

밑줄 친 한자어를 바르게 읽은 것을 〈보기〉에서 고르세요.

〈보기〉	
① 地下	② 多少
③ 出口	④ 大小

23 밖으로 나갈 수 있는 곳 (　　)

24 어떠한 것이 많고 적음 (　　)

25 땅의 속 (　　)

[26~30]

다음 밑줄 친 한자어를 바르게 읽은 것을 〈보기〉에서 골라 그 번호를 쓰세요.

〈보기〉		
① 中天	② 三寸	③ 生日
④ 出入	⑤ 姓名	

26 **삼촌**과 함께 축구를 했어요. (　　)

27 아파트 **출입**문에 비밀번호가 있어요.(　　)

28 내일은 친구의 **생일**입니다. (　　)

29 해가 **중천**에 떠 있습니다. (　　)

30 **성명**을 부르면 손을 들어주세요. (　　)

[31~35]

다음 밑줄 친 낱말을 한자로 바르게 쓴 것을 〈보기〉에서 골라 그 번호를 쓰세요.

〈보기〉		
① 少女	② 主人	③ 江山
④ 先生	⑤ 靑年	

31 많은 **청년**들이 직장을 구하지 못했다.
(　　)

32 **선생**님께서 설명을 잘 해주신다.
(　　)

33 할머니는 **소녀** 시절 한복을 입으셨다.
(　　)

34 십년이면 **강산**도 변한다.
(　　)

35 물건의 **주인**을 찾아주었다.
(　　)

단답형 [36~50]

[36~40]
한자의 뜻과 음을 쓰세요.

예시 : 內 = 内 → 안내

36　門 = 门　　　　　(　　)

37　馬 = 马　　　　　(　　)

38　魚 = 鱼　　　　　(　　)

39　靑 = 青　　　　　(　　)

40　東 = 东　　　　　(　　)

[41~45]
다음 한자어의 독음을 쓰세요.

예시 : 一 二 → 일이

41　入力　　　　　　(　　)

42　人心　　　　　　(　　)

43　出土　　　　　　(　　)

44　玉石　　　　　　(　　)

45　年內　　　　　　(　　)

[46~50]
다음 밑줄 친 한자어의 독음을 쓰세요.

예시 : 八月은 날씨가 무척 덥습니다. → 팔월

46　지갑을 두고 나와 手中에 한 푼도 없습니다.
　　　　　　　　　　　　　　　　(　　)

47　날씨가 더워 시원한 生水를 샀습니다.
　　　　　　　　　　　　　　　　(　　)

48　온 세계의 耳目이 집중되었습니다.
　　　　　　　　　　　　　　　　(　　)

49　나무를 많이 심어 山林이 울창합니다.
　　　　　　　　　　　　　　　　(　　)

50　부모님 도움 없이 自立심을 키워야 합니다.
　　　　　　　　　　　　　　　　(　　)

제 1 회 대한민국한자급수자격검정시험문제 [가형]

7급

수험번호 :   성명 :

■ 다음 물음에 맞는 답의 번호를 골라 답안지의 해당 답란에 표시하시오.

※ 그림에 알맞은 한자를 고르시오.

1. (   )
   ① 耳
   ② 七
   ③ 月
   ④ 山

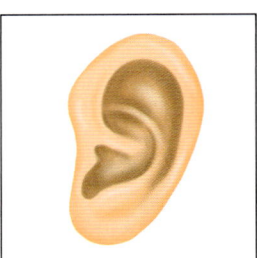

※ 한자의 뜻과 음으로 바른 것을 고르시오.

2. 弟 (   ) 보기 | ① 불 화 ② 아우 제 / ③ 사람 인 ④ 다섯 오
3. 白 (   ) 보기 | ① 석 삼 ② 손 수 / ③ 눈 목 ④ 흰 백
4. 內 (   ) 보기 | ① 문 문 ② 서녘 서 / ③ 남녘 남 ④ 안 내
5. 右 (   ) 보기 | ① 오른 우 ② 왼 좌 / ③ 넉 사 ④ 아래 하
6. 六 (   ) 보기 | ① 열 십 ② 일곱 칠 / ③ 여섯 륙 ④ 아홉 구
7. 女 (   ) 보기 | ① 여자 녀 ② 아들 자 / ③ 사내 남 ④ 동녘 동
8. 中 (   ) 보기 | ① 큰 대 ② 가운데 중 / ③ 어머니 모 ④ 작을 소

※ 뜻과 음에 알맞은 한자를 고르시오.

9. 푸를 청 (   ) 보기 | ① 年 ② 靑 ③ 子 ④ 土
10. 바깥 외 (   ) 보기 | ① 外 ② 入 ③ 出 ④ 人
11. 사내 남 (   ) 보기 | ① 年 ② 二 ③ 男 ④ 弟
12. 아래 하 (   ) 보기 | ① 下 ② 大 ③ 水 ④ 上
13. 메 산 (   ) 보기 | ① 口 ② 江 ③ 山 ④ 下
14. 왼 좌 (   ) 보기 | ① 右 ② 土 ③ 左 ④ 出

15. 아버지 부 (   ) 보기 | ① 父 ② 子 ③ 兄 ④ 母
16. 서녘 서 (   ) 보기 | ① 四 ② 西 ③ 北 ④ 東
17. 문 문 (   ) 보기 | ① 目 ② 中 ③ 外 ④ 門
18. 큰 대 (   ) 보기 | ① 大 ② 月 ③ 内 ④ 木

※ 어휘를 바르게 읽은 것을 고르시오.

19. 出入 (   ) 보기 | ① 출인 ② 출입 / ③ 출구 ④ 출금
20. 靑年 (   ) 보기 | ① 청산 ② 매년 / ③ 청년 ④ 년청

※ 어휘의 뜻으로 알맞은 것을 고르시오.

21. 手足 (   )
    ① 두 손 ② 손 위 ③ 손 오른쪽 ④ 손과 발

22. 江南 (   )
    ① 강의 시작   ② 강의 남쪽
    ③ 강의 댐   ④ 강의 북쪽

※ 밑줄 친 어휘를 바르게 읽은 것을 고르시오.

23. 은행에서 돈을 <u>出金</u>하였다. (   )
    ① 출김   ② 출금   ③ 출토   ④ 입금

24. 초등학생까지 <u>小人</u> 요금을 받는다. (   )
    ① 소녀   ② 소입   ③ 소인   ④ 대인

※ 밑줄 친 부분을 한자로 바르게 쓴 것을 고르시오.

<u>모자</u>가 함께 사진을 찍었다.

25. 모자 (   )
    ① 父子   ② 母子   ③ 母女   ④ 兄弟

♣ 수고하셨습니다.

제 1 회 대한민국한자급수자격검정시험문제 [가형]

수험번호 :   성명 :

■ 다음 물음에 맞는 답의 번호를 골라 답안지의 해당 답란에 표시하시오.

※ 한자의 뜻과 음으로 바른 것을 고르시오.

1. 弟 (   ) ① 불 화 ② 아우 제 ③ 사람 인 ④ 다섯 오
2. 先 (   ) ① 개 견 ② 아비 부 ③ 먼저 선 ④ 성씨 성
3. 目 (   ) ① 석 삼 ② 손 수 ③ 눈 목 ④ 흰 백
4. 外 (   ) ① 문 문 ② 서녘 서 ③ 남녘 남 ④ 바깥 외
5. 左 (   ) ① 오른 우 ② 왼 좌 ③ 입 구 ④ 아래 하
6. 九 (   ) ① 열 십 ② 일곱 칠 ③ 여섯 륙 ④ 아홉 구
7. 男 (   ) ① 아들 자 ② 여자 녀 ③ 사내 남 ④ 동녘 동
8. 羊 (   ) ① 양 양 ② 열 십 ③ 내 천 ④ 물 수
9. 己 (   ) ① 몸 기 ② 넉 사 ③ 날 일 ④ 안 내
10. 中 (   ) ① 큰 대 ② 가운데 중 ③ 어머니 모 ④ 작을 소

※ 뜻과 음에 알맞은 한자를 고르시오.

11. 오른 우 (   ) ① 左 ② 外 ③ 右 ④ 出
12. 푸를 청 (   ) ① 年 ② 靑 ③ 子 ④ 土
13. 들 입 (   ) ① 外 ② 入 ③ 出 ④ 人
14. 아래 하 (   ) ① 上 ② 大 ③ 水 ④ 下
15. 강 강 (   ) ① 江 ② 水 ③ 天 ④ 地
16. 서녘 서 (   ) ① 四 ② 西 ③ 北 ④ 東
17. 문 문 (   ) ① 目 ② 中 ③ 兄 ④ 門
18. 말 마 (   ) ① 木 ② 馬 ③ 魚 ④ 羊
19. 어미 모 (   ) ① 女 ② 子 ③ 目 ④ 母
20. 큰 대 (   ) ① 大 ② 月 ③ 內 ④ 木

※ 물음에 알맞은 답을 고르시오.

21. '나무'의 모양을 본뜬 한자는? (   )
  ① 牛 ② 木 ③ 玉 ④ 天

※ 물음에 알맞은 답을 고르시오.

22. "姓名을 써 주세요"에서 밑줄 친 '名'의 뜻과 음으로 바른 것은? (   )
  ① 일천 천 ② 이름 성 ③ 입 구 ④ 이름 명
23. '生日'에서 밑줄 친 '生'의 뜻과 음으로 바른 것은? (   )
  ① 날 생 ② 날 일 ③ 소 우 ④ 날 출
24. 한자의 총획이 바르지 않은 것은? (   )
  ① 先-총 6획 ② 玉-총 5획 ③ 江-총 6획 ④ 北-총 6획
25. '川'의 유의자(비슷한 뜻의 한자)는? (   )
  ① 火 ② 土 ③ 江 ④ 木
26. '地'의 반의자(상대 또는 반대되는 뜻의 한자)는? (   )
  ① 水 ② 天 ③ 上 ④ 玉

※ 어휘를 바르게 읽은 것을 고르시오.

27. 一生 (   ) ① 일생 ② 일상 ③ 이생 ④ 일우
28. 手足 (   ) ① 족수 ② 수하 ③ 수족 ④ 손족
29. 耳目 (   ) ① 월목 ② 이월 ③ 일목 ④ 이목
30. 日出 (   ) ① 출구 ② 일출 ③ 월출 ④ 목출
31. 三九 (   ) ① 삼팔 ② 삼칠 ③ 삼구 ④ 삼육

※ 어휘의 뜻으로 알맞은 것을 고르시오.

32. 出金 (   )
  ① 돈이 들어옴 ② 나가는 입구
  ③ 돈을 찾아 씀 ④ 많은 돈
33. 兄弟 (   )
  ① 형과 아버지 ② 아우와 아버지
  ③ 형과 아우 ④ 아우와 어머니
34. 內外 (   )
  ① 위와 아래 ② 안과 밖
  ③ 안과 위 ④ 왼쪽과 오른쪽

※ 낱말을 한자로 바르게 쓴 것을 고르시오.

35. 심중: 마음 속 (　　　)
    ① 心地　② 心白　③ 心外　④ 心中

36. 대지: 대자연의 넓고 큰 땅 (　　　)
    ① 大地　② 大水　③ 大日　④ 大川

37. 견양: 개와 양이라는 뜻으로, 악한 사람과 착한 사람을 이르는 말 (　　　)
    ① 羊牛　② 犬羊　③ 先羊　④ 犬牛

38. 출토: 땅속에 묻혀 있던 물건이 밖으로 나옴 (　　　)
    ① 土出　② 土石　③ 出土　④ 石土

※ 밑줄 친 어휘를 바르게 읽은 것을 고르시오.

39. 百姓은(는) 나라의 근본이다. (　　　)
    ① 백생　② 천성　③ 백성　④ 백명

40. 태풍이 北上하고 있다. (　　　)
    ① 북하　② 북서　③ 북토　④ 북상

41. 父女 사이가 아주 좋다. (　　　)
    ① 부자　② 부모　③ 부녀　④ 자녀

42. 종이로 학을 千마리 접었다. (　　　)
    ① 백　② 천　③ 십　④ 일

43. 그 남자는 小心하고 대담하지 못하다. (　　　)
    ① 소심　② 소녀　③ 심심　④ 소중

44. 누렇게 변한 옷이 白玉 같이 하얗게 세탁이 되었다. (　　　)
    ① 일왕　② 일옥　③ 백왕　④ 백옥

※ 밑줄 친 부분을 한자로 바르게 쓴 것을 고르시오

> 오늘은 45)선생님과 제자들이 함께
> 46)청백으로 나눠, 즐거운 활동을 하였다.

45. 선생 (　　　)
    ① 先上　② 先生　③ 人生　④ 先牛

46. 청백 (　　　)
    ① 白淸　② 靑日　③ 靑白　④ 靑玉

※ 물음에 알맞은 답을 고르시오.

47. '門中'의 유의어(비슷한 뜻의 어휘)는? (　　　)
    ① 門內　② 門上　③ 門外　④ 內中

48. '男子'의 반의어(상대 또는 반대되는 뜻의 어휘)는? (　　　)
    ① 父母　② 母女　③ 兄弟　④ 女子

49. "東西南北"의 뜻으로 바른 것은? (　　　)
    ① 북쪽과 남쪽
    ② 열 가운데 여덟이나 아홉이 됨
    ③ 우리나라 산과 바다
    ④ 모든 방향을 이르는 말

50. 부모님을 대하는 태도로 바르지 않는 것은? (　　　)
    ① 부모님의 말씀에 대답을 잘 한다.
    ② 부모님께 존댓말을 사용한다.
    ③ 부모님의 이름을 함부로 부른다.
    ④ 부모님께 물건을 드릴 때는 두 손으로 드린다.

♣ 수고하셨습니다.

HNK 한자능력시험 7급 답안지

응시급수	1급	2급	3급	3Ⅱ급	4급	4Ⅱ급	5급	5Ⅱ급	6급	7급	8급
	○	○	○	○	○	○	○	○	○	●	○

성 명

유의사항

1. 모든 표기 및 답안 작성은 지워지지 않는 검정색 필기구를 사용해야 합니다.
2. 바르지 못한 표기를 하였거나 불필요한 표기를 하였을 경우 불이익을 받을 수 있습니다.
3. 표기가 잘못되었을 경우는 수정테이프로 깨끗이 지운 후 다시 칠하거나 쓰십시오.
4. 수험번호를 바르게 쓰고 해당 'ㅇ' 안에 표기합니다.
5. 응시급수, 수험번호 및 선택형 답안의 'ㅇ' 안의 표기는 컴퓨터용 펜을 사용하여 〈보기〉와 같이 칠해야 합니다. 〈보기〉 ● O ◑ X ✓ X ◐ X

수 험 번 호

0	0	0	A	0	0	0	0	0	0	0	0	0	0
1	1	1	B	1	1	1	1	1	1	1	1	1	1
2	2	2		2	2	2	2	2	2	2	2	2	2
3	3	3		3	3	3	3	3	3	3	3	3	3
4	4	4		4	4	4	4	4	4	4	4	4	4
5	5	5		5	5	5	5	5	5	5	5	5	5
6	6	6		6	6	6	6	6	6	6	6	6	6
7	7	7		7	7	7	7	7	7	7	7	7	7
8	8	8		8	8	8	8	8	8	8	8	8	8
9	9	9		9	9	9	9	9	9	9	9	9	9

감독위원 확인란
(※수험생은 표기하지 말 것)

결시자 표기	결시자의 수험번호를 쓰고 아래에 표기	○
감독위원 서명	성명, 수험번호 표기가 정확한지 확인 후 서명 또는 날인	

채 점 위 원	
초심	재심

득 점 문 항 수

선택형 (1~35)

1	①	②	③	④	⑤	19	①	②	③	④	⑤
2	①	②	③	④	⑤	20	①	②	③	④	⑤
3	①	②	③	④	⑤	21	①	②	③	④	⑤
4	①	②	③	④	⑤	22	①	②	③	④	⑤
5	①	②	③	④	⑤	23	①	②	③	④	⑤
6	①	②	③	④	⑤	24	①	②	③	④	⑤
7	①	②	③	④	⑤	25	①	②	③	④	⑤
8	①	②	③	④	⑤	26	①	②	③	④	⑤
9	①	②	③	④	⑤	27	①	②	③	④	⑤
10	①	②	③	④	⑤	28	①	②	③	④	⑤
11	①	②	③	④	⑤	29	①	②	③	④	⑤
12	①	②	③	④	⑤	30	①	②	③	④	⑤
13	①	②	③	④	⑤	31	①	②	③	④	⑤
14	①	②	③	④	⑤	32	①	②	③	④	⑤
15	①	②	③	④	⑤	33	①	②	③	④	⑤
16	①	②	③	④	⑤	34	①	②	③	④	⑤
17	①	②	③	④	⑤	35	①	②	③	④	⑤
18	①	②	③	④	⑤						

▸ 36번부터는 뒷면에 답안을 작성합니다.

国家汉办 (Hanban) 국제공인 한자자격증 관리기관 사단법인 한중문자교류협회 다락원

단답형 (36~50)

제 □□ 회 대한민국한자급수자격검정시험 답안지

[제0-3호 서식]

성명

수험번호

※ 모든 □안의 기입은 첫 칸부터 한 자씩 들어 쓰시오.

시험의 급 표기란
- 7급 ○
- 8급 ○
- 응시급 기표란

(정확하게 기재하고 해당란에 ● 처음 출할 것.)

주민번호 앞6자리 (생년월일)

※ 감독관확인란
- 감독관인

※ 예: 2001. 11. 22 ⇒ 01 11 22

성별
- 남 ○
- 여 ○

※ 참고사항
▶ 시험준비물
- 수험표
- 신분증
- 수정테이프
- 검정색볼펜

◆ 시험중 발생된 재위한 모든 물품은 기방에 넣어 지정된 장소에 보관할 것.

▶ 시험시간: 14:00~15:00(60분)

▶ 합격기준: 100점 만점 중 70점

▶ 합격발표: 시험 4주후 발표
- 홈페이지 및 ARS(060-700-2130)

▶ 자격증 교부방법
- 방문접수자는 접수처에서 교부
- 인터넷접수자는 등기로 개별발송

※ 주의사항

1. 답안지가 구겨지거나 더럽혀지지 않도록 할 것 모든 □안의 기입은 첫 칸부터 한 자씩 들어 쓸 것.
2. 답안지의 모든기재 사용하는 볼펜은 검정색 사용하여 기재하고 해당란에 ● 처음 출할 것.
3. 수험번호와 생년월일은 정확하게 기재하여 기재하여 주십시오.
4. ※ 표시가 있는 란은 절대 기입하지 말 것.
5. 기재오류로 인한 책임은 모두 시자 여러분에게 있습니다.
※ 시험종료 후 시험지 및 답안지를 반드시 제출하십시오.

답 안 표 기 란

번호	1	2	3	4
1	①	②	③	④
2	①	②	③	④
3	①	②	③	④
4	①	②	③	④
5	①	②	③	④
6	①	②	③	④
7	①	②	③	④
8	①	②	③	④
9	①	②	③	④
10	①	②	③	④
11	①	②	③	④
12	①	②	③	④
13	①	②	③	④
14	①	②	③	④
15	①	②	③	④
16	①	②	③	④
17	①	②	③	④
18	①	②	③	④
19	①	②	③	④
20	①	②	③	④
21	①	②	③	④
22	①	②	③	④
23	①	②	③	④
24	①	②	③	④
25	①	②	③	④

[제10-4호 서식]

제 □□ 회 한자급수자격검정시험 경시대회 답안지 [앞면]

사단법인 **대한민국한자교육연구회**

※ 모든 기록은 첫 칸부터 한 자씩 붙여 쓰시오.

주의사항

이 답안지는 한자급수자격시험 및 경시대회 겸용입니다.

1. 답안지가 구겨지거나 더럽히지 않도록 할 것. 모든 기록은 첫칸부터 한 자씩 붙여 쓸 것.
2. 답안지의 모든 기재 사항은 **검정색 볼펜**을 사용하여 기재하고 해당 번호 안에 ● 처럼 칠할 것.
3. 수험번호(샌날월일) 및 답안은 절대로 정확하게 기재하여 주십시오.
4. ※ 표시가 있는 란은 절대 기입하지 말 것.
5. 기재오류로 인한 책임은 모두 응시자 여러분에게 있습니다.

참고사항

▶ 시험종료 벨이 울리면 즉시 기입을 멈추고 지정된 장소에 보관할 것.

▶ 시험시간 및 합격기준

시험시간	합격기준
14:00~14:40(40분)	70점 이상
14:00~15:00(60분)	

▶ 합격자 발표 : 시험 4주 후 발표
- 홈페이지 및 ARS(060-700-2130)

▶ 합격자발표
- 3급~2급
- 6급~준3급

▶ 합격발표 방법
- 방문접수자는 접수처에서 교부
- 인터넷접수자는 개별발송
- 지정증 패발급

※ 시험종료 후 시험지 및 답안지를 받으시 제출하십시오.

※ 예: 2001. 11. 22 ⇒ 01 11 22

성별 ※ 예 남 □ 여 □

주민번호 앞6자리 (샌날월일)

수험번호

※ 정확하게 기재하고 해당란에 ● 처럼 칠할 것.

한자급수시험 한문경시대회
이름 표기부분 이름 표기부분

성 명 (한글)

객 관 식 답 안 란

1	① ② ③ ④	14	① ② ③ ④	27	① ② ③ ④	40	① ② ③ ④
2	① ② ③ ④	15	① ② ③ ④	28	① ② ③ ④	41	① ② ③ ④
3	① ② ③ ④	16	① ② ③ ④	29	① ② ③ ④	42	① ② ③ ④
4	① ② ③ ④	17	① ② ③ ④	30	① ② ③ ④	43	① ② ③ ④
5	① ② ③ ④	18	① ② ③ ④	31	① ② ③ ④	44	① ② ③ ④
6	① ② ③ ④	19	① ② ③ ④	32	① ② ③ ④	45	① ② ③ ④
7	① ② ③ ④	20	① ② ③ ④	33	① ② ③ ④	46	① ② ③ ④
8	① ② ③ ④	21	① ② ③ ④	34	① ② ③ ④	47	① ② ③ ④
9	① ② ③ ④	22	① ② ③ ④	35	① ② ③ ④	48	① ② ③ ④
10	① ② ③ ④	23	① ② ③ ④	36	① ② ③ ④	49	① ② ③ ④
11	① ② ③ ④	24	① ② ③ ④	37	① ② ③ ④	50	① ② ③ ④
12	① ② ③ ④	25	① ② ③ ④	38	① ② ③ ④		
13	① ② ③ ④	26	① ② ③ ④	39	① ② ③ ④		

※ 주관식 답안란은 뒷면에 있습니다.

감독확인 : 정부

KTA 대한검정회 Korea Test Association

신비한자 카드
7급

멀(멀다) **경**

안석 **궤**

얼음 **빙**

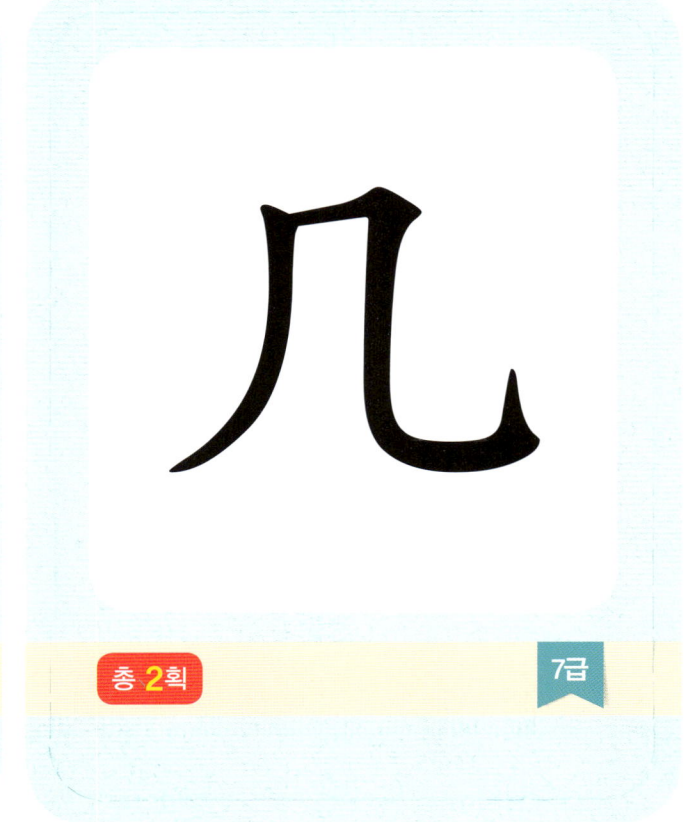

쌀(감싸다) **포**

비수, 숟가락 **비**

점(점치다) **복**

상자 **방**

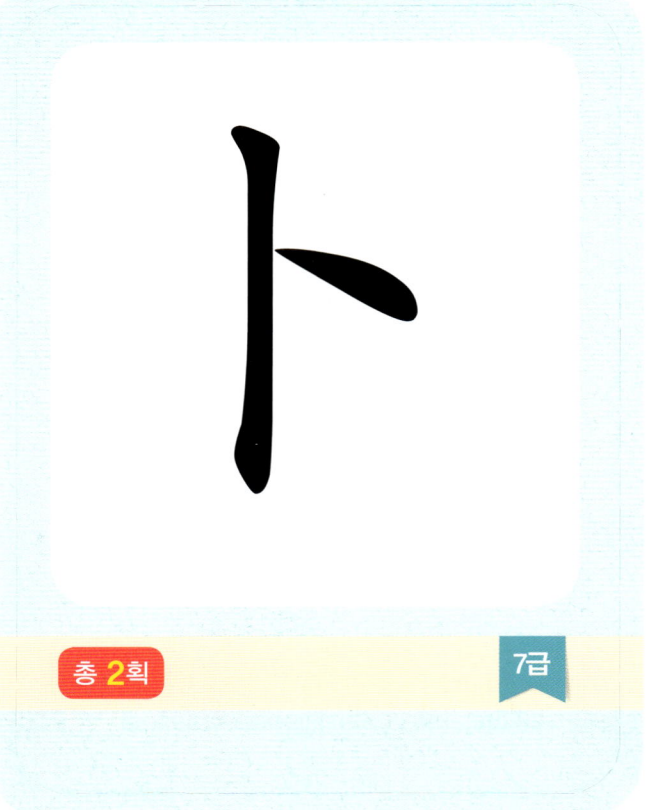

감출 **혜**

병부 **절**

언덕(굴 바위) **엄**

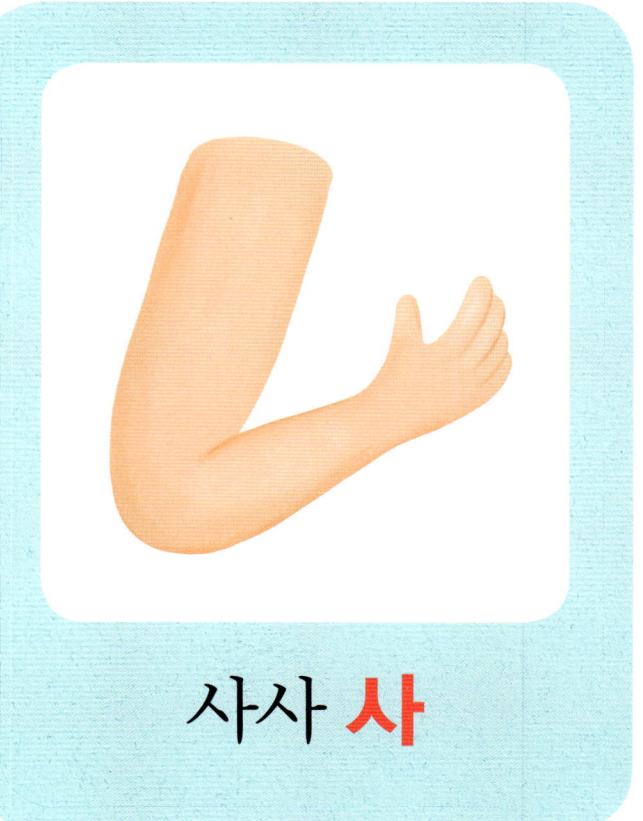

사사 **사**

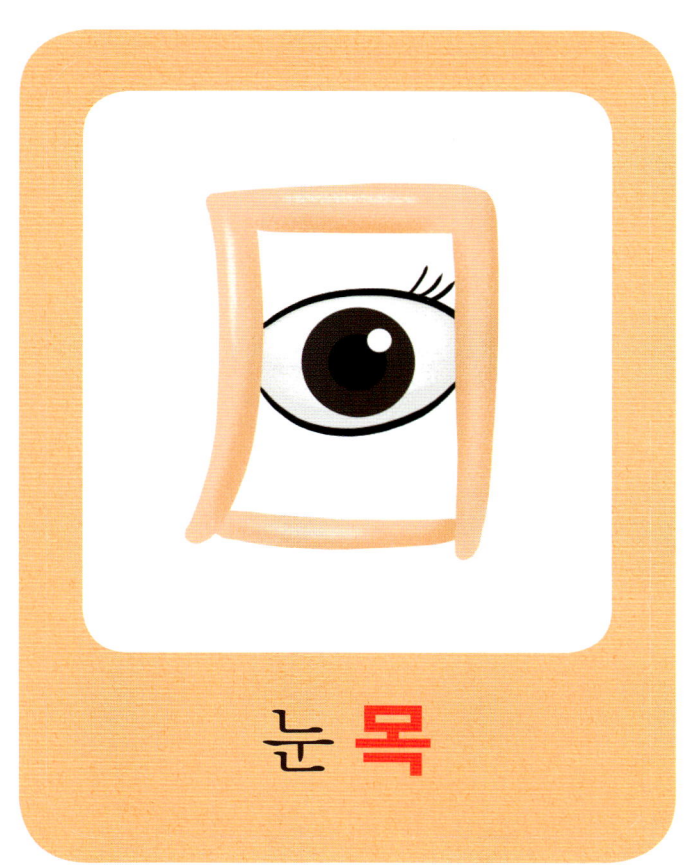

눈 **목**

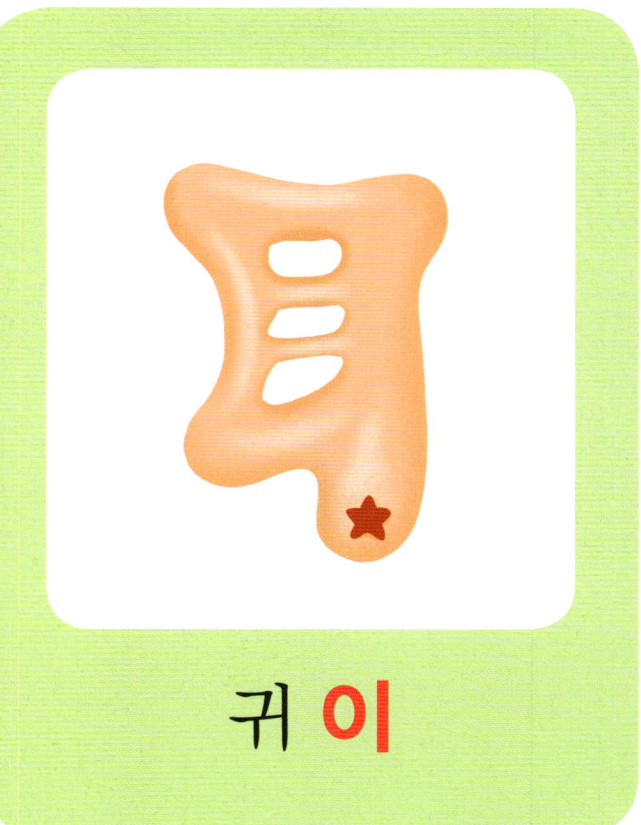

귀 **이**

손 **수**

발 **족**

마음 **심**

하늘 **천**

땅 **지**

수풀 **림**

강 **강**

해 **년(연)**

왼 **좌**

오른 **우**

총 6획 7급
부수 干 방패 간

총 6획 7급
부수 氵 삼수 변

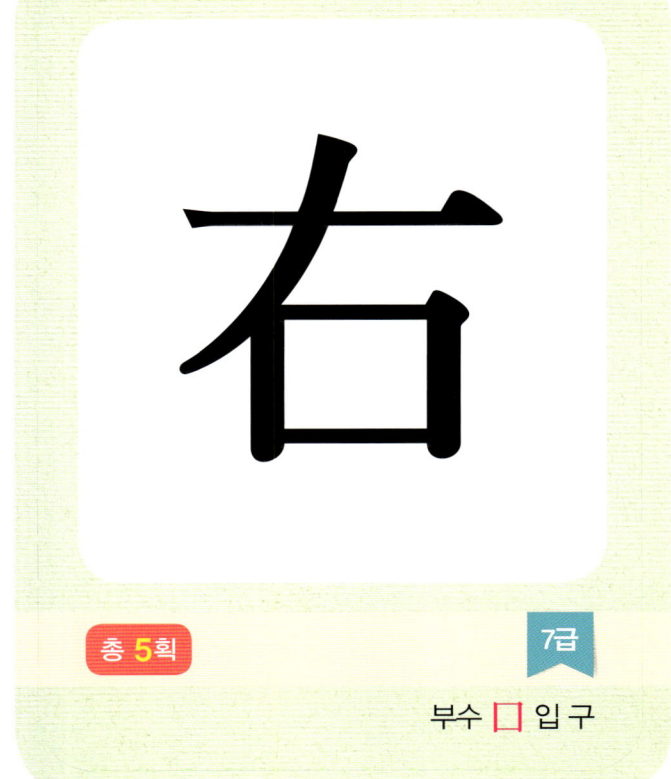

총 5획 7급
부수 口 입 구

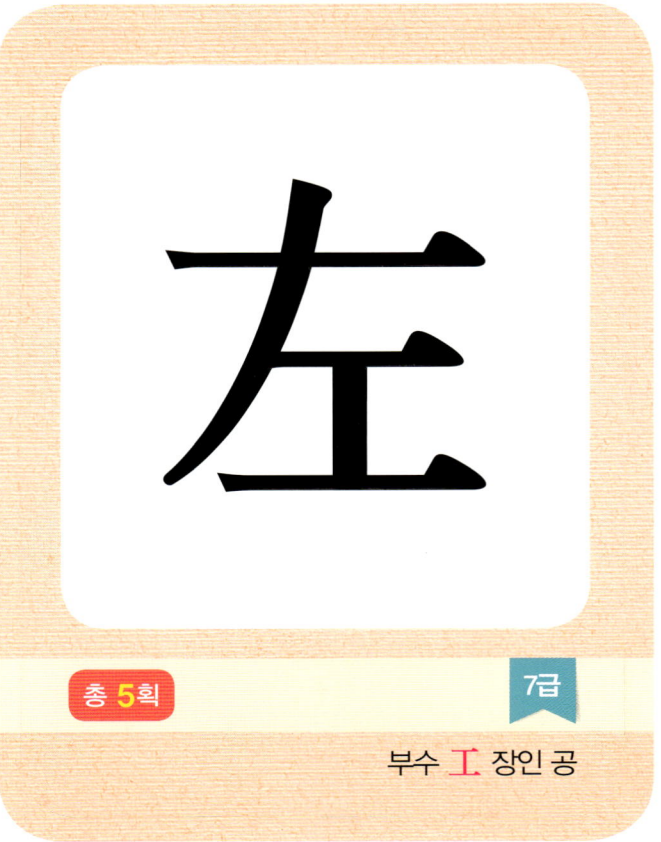

총 5획 7급
부수 工 장인 공

안 **내**

바깥 **외**

날 **출**

푸를 **청**

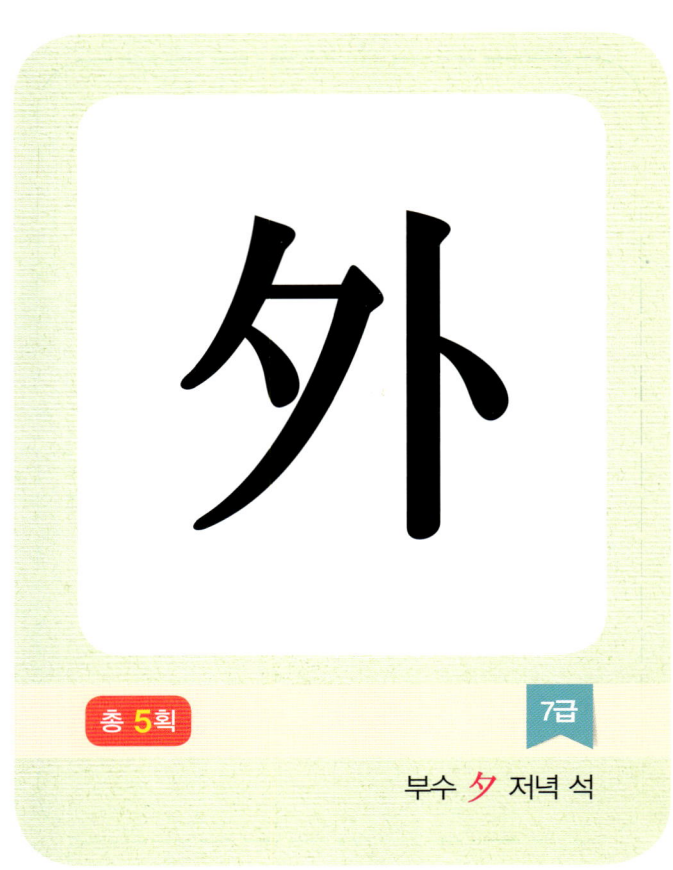

흰 **백**

힘 **력**

마디 **촌**

돌 **석**

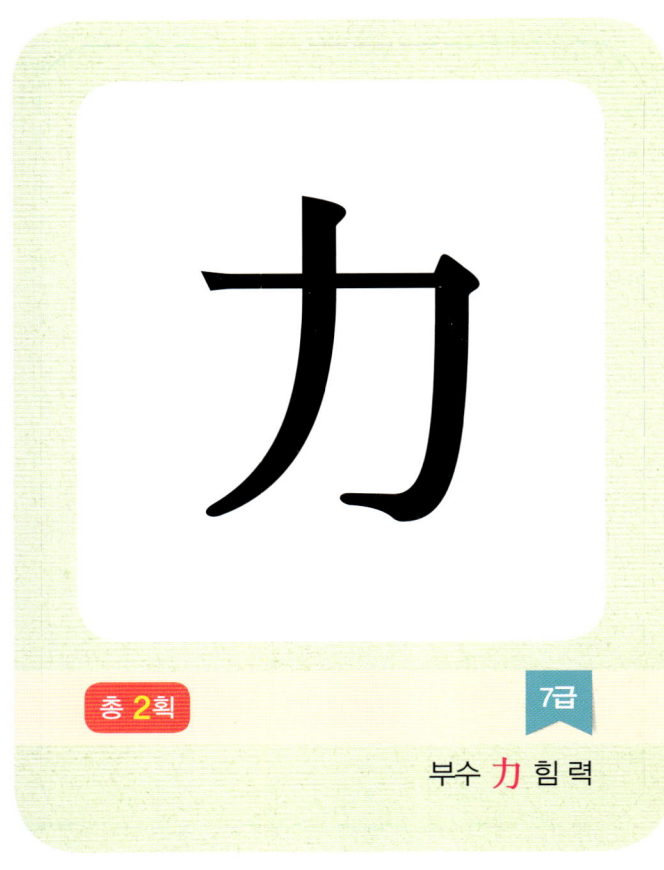

총 2획 7급
부수 力 힘 력

총 5획 7급
부수 白 흰 백

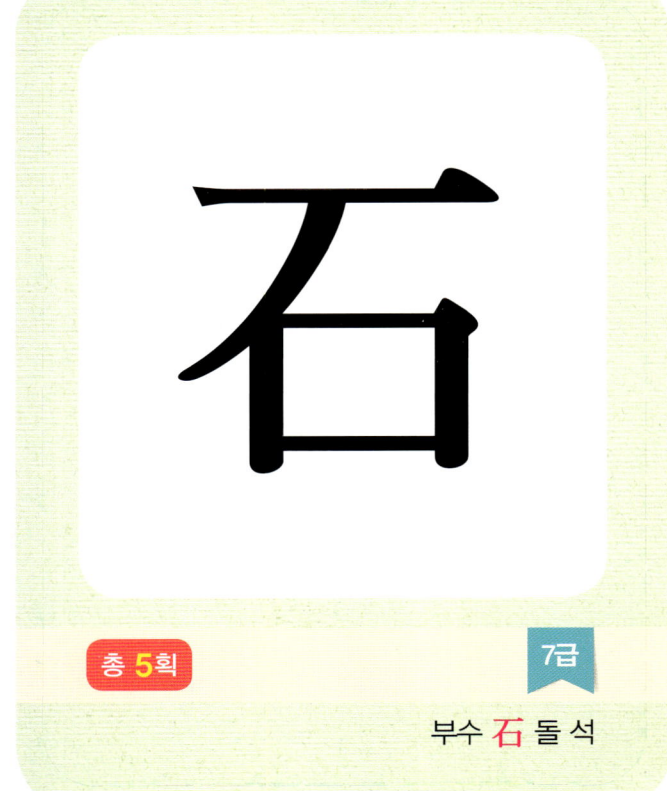

총 5획 7급
부수 石 돌 석

총 3획 7급
부수 寸 마디 촌

소 **우**

개 **견**

양 **양**

말 **마**

물고기 어

저녁 석

많을 다

적을 / 젊을 소

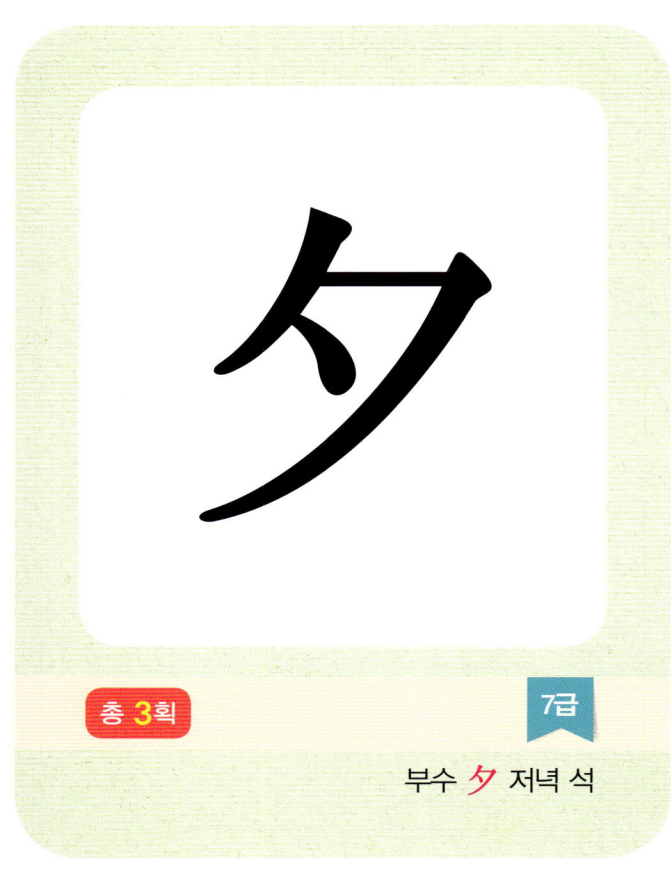

총 3획 7급

부수 夕 저녁 석

총 11획 7급

부수 魚 물고기 어

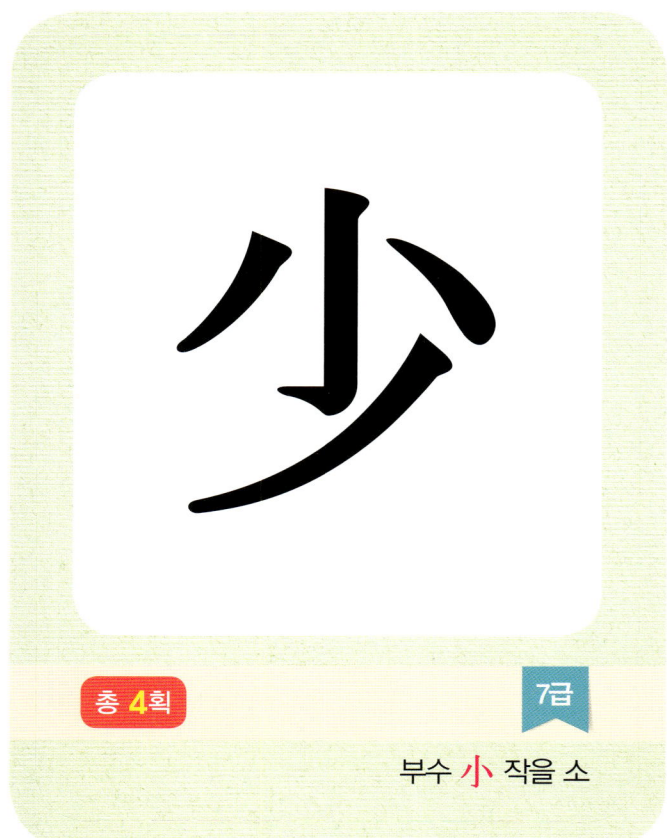

총 4획 7급

부수 小 작을 소

총 6획 7급

부수 夕 저녁 석

먼저 **선**

구슬 **옥**

장인 **공**

스스로 **자**

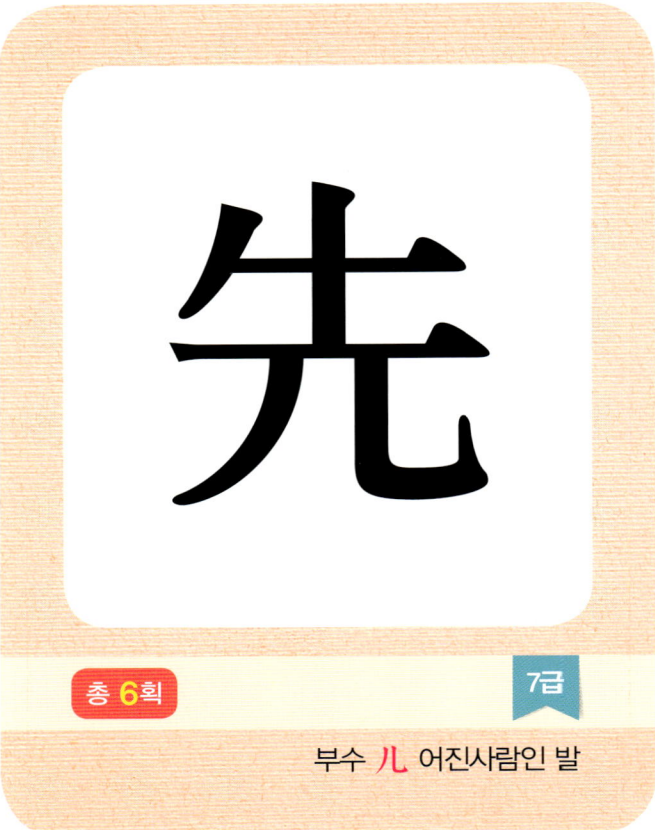

몸 기

들 입

주인 주

날 생

총 2획　　7급

부수 入 들 입

총 3획　　7급

부수 己 몸 기

총 5획　　7급

부수 生 날 생

총 5획　　7급

부수 丶 점 주

내 **천**

설 **립(입)**

성씨 **성**

이름 **명**

총 5획　　7급
부수 立 설 립(입)

총 3획　　7급
부수 川 내 천

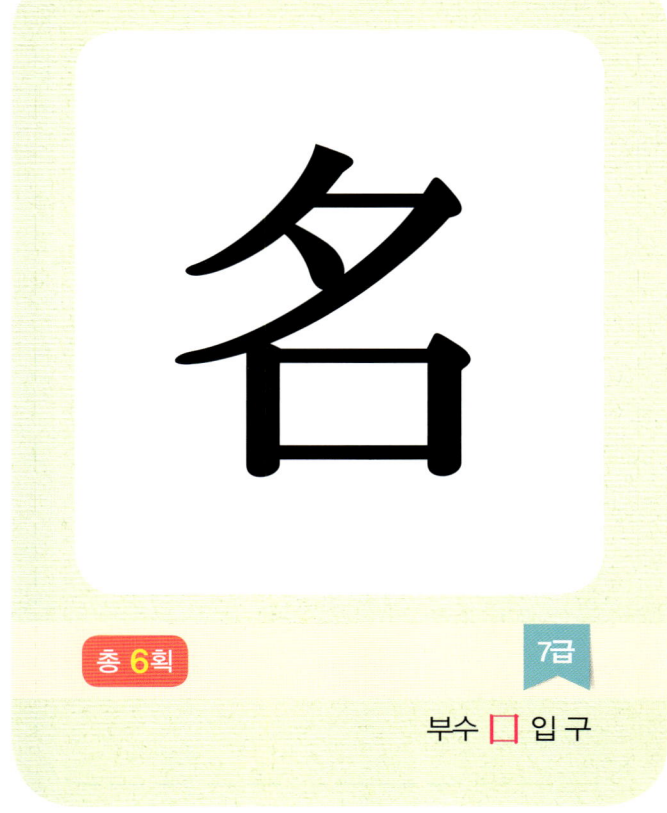

총 6획　　7급
부수 口 입 구

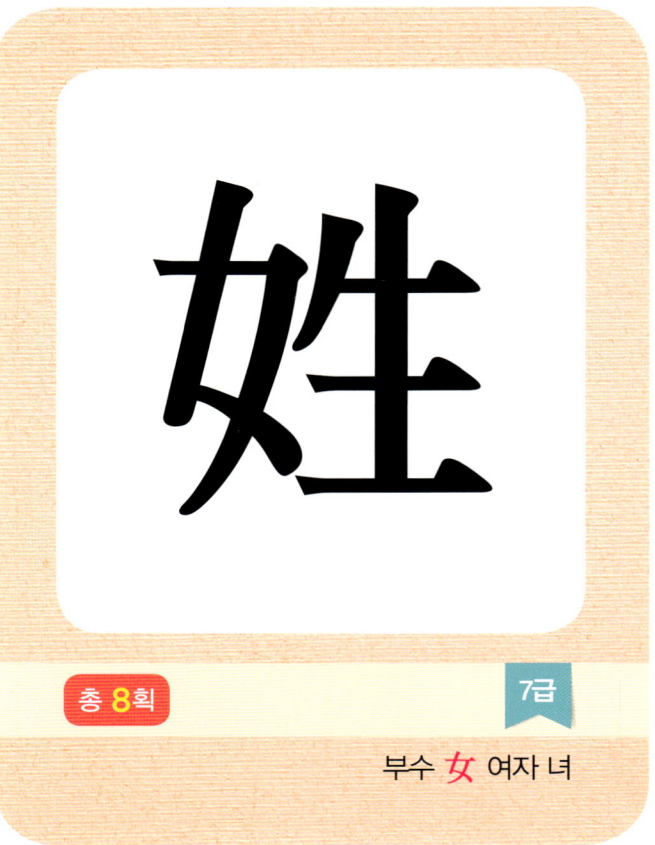

총 8획　　7급
부수 女 여자 녀

7급 HNK 배정한자 모아보기 (50字)

★ 음을 기준으로 가나다 순서로 정리했습니다.
★ 한어병음은 중국어 발음 표기법입니다.
★ 대표훈음보다 자세한 것은 자전을 참고합니다.
★ ( )는 한자의 뜻을 이해하는 데 목적을 둔 표현입니다.
★ [ ]는 중국에서 쓰는 간체자입니다.

江	犬	工	己	内[内]
강 **강** jiāng	개 **견** quǎn	장인(만들다) **공** gōng	몸(나) **기** jǐ	안 **내** nèi

年	多	力	林	立
해 **년** nián	많을 **다** duō	힘 **력** lì	수풀(숲) **림** lín	설(서다) **립** lì

馬[马]	名	目	白	生
말 **마** mǎ	이름 **명** míng	눈 **목** mù	흰 **백** bái	날(나다) **생** shēng

夕	石	先	姓	少
저녁 **석** xī	돌 **석** shí	먼저 **선** xiān	성씨 **성** xìng	적을 / 젊을 **소** shǎo

手	心	羊	魚[鱼]	玉
손 **수** shǒu	마음 **심** xīn	양 **양** yáng	물고기 **어** yú	구슬 **옥** yù

부수도 익혀요

★ 한자에서 필획으로 쓰이는 부수 글자를 선정했습니다.

8급 대한검정회 배정한자 모아보기 (30字)

★ 음을 기준으로 가나다 순서로 정리했습니다.
★ 표제훈음보다 자세한 것은 자전을 참고하세요.

九 아홉 구	金 쇠 금, 성 김	南 남녘(남쪽) 남	男 사내 남	女 여자 녀(여)
東 동녘(동쪽) 동	六 여섯 륙(육)	母 어미(어머니) 모	木 나무 목	門 문 문
父 아비(아버지) 부	北 북녘(북쪽) 북	四 넉(넷) 사	三 석(셋) 삼	西 서녘(서쪽) 서
水 물 수	十 열 십	五 다섯 오	月 달 월	二 두(둘) 이
人 사람 인	日 날, 해 일	一 한(하나) 일	子 아들 자	弟 아우(동생) 제
七 일곱 칠	土 흙 토	八 여덟 팔	兄 형 형	火 불 화

7급 대한검정회 배정한자 모아보기 (총50자 신출20자)

江 강강	口 입구	內 안내	年 해년	大 큰대
目 눈목	白 흰백	山 메(뫼)산	上 위상	小 작을소
手 손수	外 바깥외	右 오른우	入 들입	足 발족
左 왼좌	中 가운데중	靑 푸를청	出 날출	下 아래하

6급 대한검정회 배정한자 모아보기 (총70자 신출20字)

犬 개견	己 몸기	林 수풀림	馬 말마	名 이름명
百 일백백	生 날생	石 돌석	先 먼저선	姓 성씨성
心 마음심	羊 양양	魚 물고기어	玉 구슬옥	牛 소우
耳 귀이	地 땅지	川 내천	千 일천천	天 하늘천

한자놀이 부록 스티커

1단계 20p

2단계 32p

3단계 44p

4단계 56p

    力

5단계 68p

6단계 80p

7단계 92p

8단계 104p